DESCRIPTIONS

DES ARTS

ET MÉTIERS.

DESCRIPTIONS
DES ARTS
ET MÉTIERS,

FAITES OU APPROUVÉES

PAR MESSIEURS

DE L'ACADÉMIE ROYALE
DES SCIENCES.

AVEC FIGURES EN TAILLE-DOUCE.

A PARIS,

Chez { SAILLANT & NYON, rue S. Jean de Beauvais;
DESAINT, rue du Foin Saint Jacques.

M. DCC. LXI.

Avec Approbation & Privilége du Roi.

ART
DE TIRER
DES CARRIERES
LA
PIERRE D'ARDOISE,
DE LA FENDRE ET DE LA TAILLER.

Par M. Fougeroux de Bondaroy.

AVERTISSEMENT.

M. DE RÉAUMUR avoit lu à l'Académie en 1711, un Mémoire sur l'Exploitation des Carrieres d'Ardoise, que l'on a trouvé parmi les Papiers de ce célebre Académicien. Il étoit destiné à faire partie de la Description des Arts, dont l'Académie avoit conçu le projet qu'elle remplit aujourd'hui. (Voyez l'*Avertissement général* à la tête de l'Art du Charbonnier).

AYANT été chargé de donner les détails de cet Art au Public, & desirant faire usage du travail de feu M. de Réaumur, j'ai vu par une note écrite de sa main, qu'il avoit formé cette Description sur des Mémoires qui lui avoient été remis, & qu'il la regardoit seulement comme le simple canevas d'un Ouvrage auquel il espéroit mettre la derniere main. Il avoit joint une instruction sur ce qui restoit encore de recherches à faire pour le conduire plus près de sa perfection.

GUIDÉ par ce Mémoire, autorisé par cet habile Observateur à faire les changements convenables à son travail ; je me suis transporté à Angers pour m'instruire par moi-même des choses que j'avois à décrire, & me mettre en état de remplir, le mieux qu'il me seroit possible, les vues de la Compagnie.

OUTRE les Ardoisieres des environs d'Angers, j'en ai encore visité d'autres dans l'Anjou & dans une partie de la Bretagne ; & j'ai remarqué que les pierres différemment inclinées dans ces dernieres Carrieres, exigeoient aussi des différences remarquables dans l'exploitation.

L'EXAMEN des travaux employés dans l'exploitation des Carrieres d'Ardoises m'a procuré un grand nombre d'observations. La reconnoissance m'engage à dire ici, que j'en dois une partie aux secours qu'a bien voulu me procurer M. SARTRE, Entrepreneur d'Ardoisieres à Angers ; & je me suis vu contraint de refondre le Mémoire que m'avoit remis l'Académie.

DES trois Planches qu'avoit fait graver M. de Réaumur, je n'ai pu faire ufage que de deux : ce font les II & IV de celles que je donne. J'ai fuppléé à la premiere Planche de M. de Réaumur, qui étoit défectueufe, par deux nouvelles que j'ai fait graver d'après des deffeins pris fur le lieu. Voici l'ordre que j'ai donné à ma Defcription.

JE PARLE en premier lieu de l'exploitation des Carrieres d'Ardoife, & particuliérement de celles d'Angers.

2°, JE DÉTAILLE les moyens employés pour tirer la pierre des Carrieres d'Ardoife de la Champagne, d'une partie de l'Anjou & de la Bretagne, dans lefquelles les pierres affectent, comme nous l'avons déja dit, une pofition toute différente de celles que l'on remarque dans les Ardoifieres d'Angers.

3°, J'AI DISTINGUÉ les caracteres les plus propres au fchifte, ou à l'efpece de pierre dont on fait communément de l'Ardoife.

4°, JE FAIS connoître les défauts qui font les plus ordinaires à la pierre d'ardoife, & qui rendent fon travail plus difficile à exécuter & moins parfait.

5°, ENFIN, je donne des inftructions qui peuvent fervir à reconnoître les mauvaifes qualités des Ardoifes taillées & deftinées à être employées pour les couvertures des Bâtiments.

ART
DE TIRER DES CARRIERES
LA PIERRE D'ARDOISE,
DE LA FENDRE ET DE LA TAILLER.

Par M. FOUGEROUX DE BONDAROY.

L'ARDOISE, en latin, *Lapis fiffilis, fciffilis* ou *Schifti fpecies Ardefia dicta,* eft une efpece de pierre affez connue dans ce Royaume ; & perfonne n'ignore de quelle utilité elle eft pour couvrir les maifons. Quand on compteroit pour rien fon poli naturel & la beauté de fa couleur, qualités qui la font rechercher pour les plus fuperbes édifices ; fa légéreté feule la feroit préférer à la tuile : elle charge moins les charpentes, & par conféquent fatigue moins les murs fur lefquels les charpentes font appuyées.

Les Anciens n'en ont point fu faire ufage. Toutes les maifons de Rome, jufqu'au temps de la guerre de Pyrrhus, ne furent couvertes que de *Bardeau:* Pline nous l'apprend Liv. XVI, c. 10 (*). Du temps de Vitruve, on les couvroit de rofeaux, de feuilles, de terre & de paille, ou de paille pêtrie avec de la terre : c'eft ce que remarque Philander dans fes Commentaires fur Vitruve, liv. II, page 55. Il eft vrai que le même Philander prend foin d'avertir que quelques-uns des fomptueux édifices des Romains avoient des toîts mieux décorés ; il cite Paul Diacre, qui affure que le Panthéon étoit couvert de petites plaques d'airain, & le Jurifconfulte *Jabolenus* qui fait entendre qu'on faifoit des couvertures de plomb. Quoi qu'il en foit, l'ardoife, manquoit à la fuperbe Rome ; & fi cette pierre peut entrer dans la décoration des bâtiments, les toîts de fes plus beaux édifices le cédoient de ce côté-là à ceux des granges qu'on voit aujourd'hui aux environs d'Angers.

Il n'eft pas aifé de favoir quand on a commencé d'employer l'ardoife dans le

(*) *Scandulæ è robore aptiffimæ, mox è glandiferis aliis, fagoque : facillimæ ex omnibus quæ refinam ferunt, fed minimè durant, præterquam è pino. Scandulâ contextam fuiffe Romam ad Pyrrhi ufque bellum annis quadringentis LXXX, Cornelius Nepos autor eft.*

ARDOISE.

A

Royaume : quantité de fragments de cette pierre , dont se sont formés des amas presque semblables au *Mont-Testacée* de Rome , & que l'on voit à Angers, prouvent que l'usage en est ancien ; mais on ne sait pas positivement de quel temps sont ces amas.

Suivant des remarques intéressantes que je dois à M. Sartre, Entrepreneur d'Ardoisieres à Angers, & dont je ferai usage en rédigeant le travail de M. de Réaumur, lorsqu'on ouvre de nouvelles carrieres, on retrouve des *fouilles* qui paroissent fort anciennes. Ces fouilles dont on a tiré la pierre pour en fabriquer l'ardoise, n'ont gueres qu'environ vingt pieds de profondeur ; les *outils* que l'on y a trouvés, & que l'on conserve à Angers où je les ai vus, sont des monuments d'une ancienne Fabrique ; mais ces outils, ainsi que les travaux qui nous en restent, n'annoncent qu'une exploitation superficielle, dont on n'obtenoit sans doute qu'une ardoise assez grossiere, & conforme à la simplicité des temps où ces premieres fouilles ont été faites.

Il paroît que l'usage de l'ardoise en Anjou est aussi ancien que la Ville d'Angers, dont les maisons n'ont jamais été couvertes qu'avec de l'ardoise du pays ; c'est de l'usage fréquent que l'on a fait de cette pierre pour bâtir les anciens édifices, les maisons de la Ville, même les murailles & les fortifications qui l'environnent, qu'elle a été surnommée *la Ville noire*.

La plus belle ardoise & celle qui passe à Paris pour la meilleure, vient d'Angers. Outre la supériorité, tant pour la beauté que pour la qualité qu'ont les ardoises tirées des environs de cette Ville, sur plusieurs autres du Royaume, elles ont encore l'avantage d'être situées près de la riviere de Mayenne & à portée de la Loire, qui, par son embouchure dans la mer, facilite l'exportation de l'ardoise à Paris, dans les provinces voisines & maritimes, & jusques dans nos Colonies.

C'est dans les Ardoisieres qui sont proche la Ville d'Angers, & d'après une de ces carrieres que l'on exploitoit pendant mon séjour, qu'ont été pris les desseins d'une Ardoisiere ouverte & en œuvre, ainsi que ceux des outils & des machines nécessaires pour tirer la pierre d'ardoise, pour la fendre & pour la tailler. Je vais rendre ici les moyens que j'y ai vu employer pour fabriquer de l'ardoise propre à couvrir les maisons.

On trouve assez communément de l'ardoise dans tous les environs d'Angers, & même dans divers endroits de l'Anjou ; on n'ouvre pourtant de grandes carrieres, ou en termes du Pays & des Ouvriers des *Perrieres* (*), qu'aux environs de cette Ville toujours suivant la direction du Nord au Sud. Les plus proches qu'on y ait travaillées en sont éloignées d'environ

___

(*) La carriere d'ardoise se nomme en termes du pays *Perriere* ou *Périere* ou *Pierriere*. Le premier est adopté par l'Ordonnance de Louis XIV. On entend aussi par *Perriers* ou *Perrayeurs* ou *Car-* riers, les Ouvriers qui travaillent à exploiter les carrieres d'ardoises. On dit encore *Ardoisieres*, pour signifier les carrieres d'ardoises.

un quart de lieue vers le fauxbourg appellé *Saint-Michel*. Ce qui a engagé à préférer ce terrein à d'autres où l'on trouve auſſi la même eſpece de pierre, c'eſt apparemment ſon élévation; elle met plus long-temps à couvert des inondations les trous profonds qu'on eſt obligé de creuſer. On a cependant encore ouvert pluſieurs carrieres, en remontant la Loire du côté du Pont-de-Cé; les plus éloignées d'Angers ſont dans la paroiſſe de Trélazé, à une lieue de la Ville.

Un ſimple coup d'œil ſur la pierre dont nous parlons, pouvoit indiquer tous ſes avantages & ſon utilité. Outre que cette pierre eſt très-propre à bâtir & ſuſceptible de liaiſon avec le mortier; le premier coup de marteau a dû indiquer qu'elle a encore l'avantage de ſe fendre aiſément, & de pouvoir ſervir de couverture aux bâtiments.

MANIERE D'OUVRIR ET D'EXPLOITER LA CARRIERE.

AVANT de commencer l'ouverture d'une carriere, ſi elle eſt ſituée dans un terrein d'où l'on n'ait pas encore tiré de l'ardoiſe, non plus que de ſes environs, on doit examiner les pierres du pays. Quand elles ont pluſieurs des caracteres que nous indiquerons ci-après, comme propres au ſchiſte ou à l'ardoiſe, & que l'on s'en ſera bien aſſuré ſur de petites roches ſéparées, on peut être preſque certain que cette contrée renferme auſſi cette pierre en grande maſſe ou en carrieres.

Après ce premier examen, il convient de ſonder pour s'aſſurer ſi la carriere contient une pierre propre à être diviſée en bonne ardoiſe, ſans quoi toutes les dépenſes que demande une pareille entrepriſe, ſeroient fort avanturées. Cette précaution ſe réduit à faire divers trous, comme des eſpeces de puits, dans l'endroit où l'on a deſſein de faire travailler : on creuſe ces puits juſqu'à 15 ou 20 pieds de profondeur. Si la pierre qu'on en retire donne de belle ardoiſe, on hazarde l'entrepriſe; mais l'Entrepreneur commence avec beaucoup plus de confiance, quand il fait travailler proche un endroit où ſe trouvent des *décombres*, ou en termes d'Ouvriers *vuidanges*, qui prouvent qu'on en a déja tiré de l'ardoiſe. Nous verrons encore que les anciennes fouilles ſont d'un grand avantage pour mettre les vuidanges de la nouvelle carriere qu'on veut faire ouvrir.

Il eſt très-commun de rencontrer à Angers des veſtiges de ces anciennes fouilles (30, *Pl. I*,) qui ont été ou épuiſées ou abandonnées, & qui ne forment aujourd'hui que des foſſes remplies d'eau ou de vuidanges, plus ou moins profondes, ſuivant le lieu & ſuivant les temps où elles ont été travaillées; car les premieres fouilles, c'eſt-à-dire, celles qui peuvent être regardées comme les plus anciennes, ſont, comme nous l'avons dit, peu profondes. Toutes ces foſſes ſont encore aiſées à reconnoître par l'amas de vuidanges dont elles ſont ſouvent environnées.

Quelquefois on trouve de l'ardoife fort près de la furface de la terre ; on voit même près d'Angers quantité de roches de cette efpece de pierre, comme dans les autres pays on en voit de pierres communes. Ces roches qui font à la fuperficie de la terre, ne peuvent fe divifer par feuillets minces, & ce font principalement celles-là que l'on emploie dans le pays pour la conftruction des murs.

On trouve encore dans l'Anjou & dans une partie de la Bretagne, plufieurs autres efpeces de pierre qui, comme l'ardoife, fe divifent par feuillets, mais qui font ordinairement trop foibles & trop tendres pour qu'on puiffe les employer à couvrir les maifons : les unes font rougeâtres ; d'autres jaunâtres, d'autres grisâtres ; toutes ces efpeces de pierres feuilletées fe trouvent dans la carriere plus ou moins inclinées à l'horizon & fur différents angles qui varient beaucoup, comme nous le dirons par la fuite.

Il arrive fouvent qu'on ne rencontre la bonne ardoife qu'après avoir creufé jufqu'à une certaine profondeur ; quelquefois il faut enlever vingt ou vingt-cinq pieds de terre avant d'y parvenir ; mais cette efpece de pierre forme prefque toujours un banc confidérable.

Les carrieres d'ardoifes fe rencontrent quelquefois dans les plaines affez proches de la fuperficie de la terre ; fouvent auffi elles fe trouvent fituées intérieurement dans de très-hautes montagnes fort efcarpées & couvertes de bois & de rochers : telles font la plûpart des carrieres au-deffous de Charleville, au bord de la Meufe. Aux environs d'Angers, on ne s'écarte gueres d'un côteau où fe trouve un banc de roches d'ardoifes ou de fchifte ; & une grande partie des carrieres que l'on travaille à préfent, ainfi que celles que l'on a ceffé de travailler, étoient autrefois couvertes de terre qui produifoit du bled.

Après s'être affuré que l'endroit que l'on veut creufer contient de bonne ardoife, l'on ouvre la perriere, c'eft-à-dire, qu'on commence à faire une tranchée plus ou moins grande, felon que le comporte le terrein & la fortune de ceux qui entreprennent ce travail. On fait fon ouverture à peu près quarrée ou rectangle. Les carrieres ont environ 150 ou 200 pieds de largeur ; les plus grandes en longueur 120 ou 150 pieds : on en fait auffi de beaucoup plus petites

On choifit un terrein commode auprès de la carriere où l'on tranfporte toutes les vuidanges ; on comprend fous ce nom la terre qui couvroit le deffus de la perriere ; la premiere pierre que l'on retire qui fouvent, n'eft pas propre à faire de l'ardoife ; & tous les fragments de la bonne ardoife qui fe trouvent trop petits pour être mis en œuvre. Toutes ces vuidanges ne peuvent être contenues que dans un terrein affez fpatieux : pour leur en faire occuper le moins qu'il eft poffible, on les accumule les unes fur les autres. Les hommes qui les tranfportent dans des hottes, montent fur les premieres

pour

pour y jetter les dernieres. On gagne doublement en les accumulant de la forte. On emploie moins de temps que fi on les tranfportoit plus loin, & on couvre une moindre furface de terrein, ou, ce qui eft la même chofe, on perd moins de terre ; car celle où l'on met les vuidanges, refte inutile pour du temps.

Un Entrepreneur qui eft en état d'en foutenir la dépenfe, au lieu de faire porter les vuidanges par des hommes, les fait tranfporter dans des efpeces de chariots ou de petits tombereaux à leur deftination ; la befogne en va plus vîte, & la premiere dépenfe faite, on épargne beaucoup fur la dépenfe journaliere.

L'amas des vuidanges forme près de chaque carriere une petite montagne qui paroît toute d'ardoife, parce qu'elle n'eft compofée que de fragments de cette pierre. C'eft un fpectacle affez fingulier pour ceux qui paffent la premiere fois près d'Angers, de voir une chaîne de ces monticules qui a une demi-lieue ou trois quarts de lieue d'étendue ; ces montagnes faites de main d'hommes, ne laiffent pas que d'être élevées. Nous avons déja dit qu'on leur donne le moins de bafe qu'il eft poffible. Les trous qu'on fait pour ouvrir une carriere dont nous avons déterminé la largeur, ont quelquefois plus de 200 ou 270 pieds de profondeur ; ainfi ils fourniffent une grande quantité de fragments inutiles, qui n'étant plus appliqués auffi près les uns des autres qu'ils l'étoient dans la carriere, occupent feuls à peu près autant d'efpace qu'en occupoit toute la pierre qu'on a tirée.

Lorfqu'on ouvre une nouvelle carriere très-près d'une ancienne où l'on a ceffé de travailler, on a, comme nous l'avons dit, un endroit bien commode pour placer les vuidanges: on les jette dans la foffe abandonnée, & elles n'occupent aucun nouveau terrein : les hotteurs ou les voitures qui les tranfportent, épargnent le temps qu'il faudroit employer pour monter les dernieres vuidanges fur les premieres.

Mais ce lieu propre à renfermer les vuidanges ne fe trouvant pas toujours à portée d'une carriere que l'on exploite, il faut néceffairement alors deftiner un terrein auprès de la perriere, pour fervir à les recevoir, & en former, comme on a dit, des amas ou des buttes les plus hautes qu'il eft poffible. Or, comme il s'élevoit fouvent des conteftations entre les Entrepreneurs des perrieres & les Propriétaires des terreins cédés, à qui par conféquent appartenoit le fond des carrieres, elles ont été terminées par un Arrêt du Confeil du 29 Septembre 1747, qui rappelle l'exécution d'un autre Arrêt donné pour le même objet le 25 Octobre 1740: voici ce qui donnoit lieu à ces conteftations.

Un Entrepreneur faifoit l'acquifition d'un terrein; il en achetoit ou en louoit le moins d'étendue qu'il pouvoit, parce que n'étant pas sûr, & ne pouvant l'être, de la qualité de l'ardoife qu'il devoit tirer, qu'en ouvrant la carriere,

il ne fe foucioit pas d'avancer une groffe fomme d'argent ; en acquérant ou
en louant un grand terrein qu'il pourroit être obligé d'abandonner & de
remettre au Propriétaire, s'il ne fe trouvoit pas propre au but qu'il fe pro-
pofoit. Mais auffi la carriere une fois ouverte, fi l'Entrepreneur, content
de l'ardoife qu'il y avoit trouvée, vouloit augmenter la carriere ou employer le terrein voifin à y mettre des vuidanges, le Propriétaire deman-
doit pour lors un nouveau marché, & faifoit acheter à l'Entrepreneur le
moindre efpace au prix qu'il lui plaifoit de le taxer. C'eft pour réformer
cette efpece de vexation, ou pour faciliter le commerce de l'ardoife,
qu'eft intervenu l'Arrêt du 29 Septembre 1747, dont je crois devoir donner
ici le précis pour ce qui concerne l'exploitation & l'acquifition du terrein
propre à augmenter les carrieres & à loger les vuidanges.

L'Arrêt dont il s'agit, » fans avoir égard aux actes faits entre les Pro-
» priétaires du terrein qui contient les carrieres d'ardoifes ouvertes & à
» ouvrir, aux environs de la ville d'Angers, & les Entrepreneurs defdites
» carrieres, ordonne qu'il fera payé une feule fois par lefdits Entrepreneurs
» defdites carrieres ouvertes & à ouvrir dans la fuite, aux Propriétaires d'i-
» celles une fomme de mille quarante livres par arpent pour les terres cul-
» tivées, & de cinq cens vingt livres par arpent pour celles qui ne font
» pas fufceptibles de cultures ; ou un loyer par an, à raifon du denier 10
» defdites fommes principales réglées par chaque arpent, pendant le temps
» feulement que durera l'exploitation de la carriere ; le tout au choix du
» Propriétaire auquel l'emplacement de ladite carriere retournera à la cef-
» fation de ladite exploitation : Permet à toutes perfonnes de faire de nou-
» velles entreprifes pour tirer de l'ardoife, en convenant de gré à gré avec
» les Propriétaires du terrein, de leur dédommagement, foit par le paye-
» ment une fois fait des fommes ci-deffus, foit par un loyer annuel fur le
» pied du denier 10 defdites fommes..... Permet pareillement aux En-
» trepreneurs qui ont actuellement, ou auroient à l'avenir, des carrieres à
» ardoife, ouvertes, & qui n'auroient pas fuffifamment de terrein pour les
» vuidanges defdites carrieres, de fe procurer de la part des Propriétaires
» voifins, celui qui leur fera néceffaire, en leur payant comptant le prix
» ci-devant marqué, ou le même loyer annuel, auffi au choix defdits Pro-
» priétaires ».

Depuis cet Arrêt, les Entrepreneurs font bien moins gênés dans l'exploitation de leurs perrieres, & ils ne manquent point d'acquérir ou de
louer un plus grand efpace de terrein, quand ils font fûrs de la qualité de
l'ardoife qu'il renferme, ou lorfque l'exploitation de la carriere devenant
plus confidérable, il faut auffi augmenter le lieu deftiné à y placer les vuidanges.

C'eft depuis la facilité accordée aux Entrepreneurs d'acquérir du terrein quand il leur en manque, qu'ils mettent leurs vuidanges sur un plus grand espace, & qu'ils employent des chariots pour les voiturer ; au lieu qu'il leur auroit été impossible de se servir de chevaux & de voitures pour ce travail, quand dans la vue de ménager le terrein, ils étoient obligés d'en former des buttes fort élevées.

Revenons à notre objet. Le travail de creuser la carriere est conduit avec un certain ordre ; & l'exploitation de ces carrieres varie suivant la position de la pierre qu'elles renferment ; cependant le plus souvent la méthode dont on fait usage dans un pays, n'a d'autre fondement que l'habitude où l'on est depuis long-temps de l'employer. A Angers ou ouvre & on enleve tout le dessus de la carriere, ce que l'on appelle *Travailler à ciel ouvert.* Nous verrons que l'on fouille d'autres carrieres dans la Champagne, en formant plusieurs puits à différents endroits de la carriere. Enfin que quelques-unes s'exploitent en pratiquant des galleries, ainsi qu'on a coutume de le faire plus ordinairement dans le travail des mines.

Pour commencer le travail des carrieres d'Angers que nous traitons particuliérement ici, la terre qui couvroit le dessus de la perriere étant enlevée, on apperçoit la surface du banc d'ardoise que les Ouvriers nomment *Cosse* : on enleve d'abord dans l'étendue du trou un banc de pierre d'une certaine épaisseur ; celui-ci ôté, on en enleve un autre de même épaisseur, &. ainsi de suite ; c'est ce que les Ouvriers appellent faire des *foncées* ou *foncieres.*

Les Ouvriers donnent à chaque foncée neuf pieds de profondeur : il n'y a que la premiere à laquelle ils en donnent ordinairement douze ; peut-être, parce qu'ils comptent qu'elle contiendra environ trois pieds de terre. Si on faisoit les foncées plus profondes, on ne pourroit pas en détacher la pierre si commodément ; & si on les creusoit moins, le travail en seroit plus long.

Pour mieux comprendre comment l'on commence & l'on continue le travail de chaque foncée, il est bon de connoître l'arrangement de l'ardoise dans les entrailles de la terre.

Position de l'Ardoise dans la Carriere.

La position de l'ardoise dans la carriere est digne d'être remarquée. La carriere est composée d'une masse de pierre considérable qui forme différents *blocs* par des *délits* qui se rencontrent dans la masse totale de la carriere. Ce seroit perdre de vue notre objet principal, que de nous arrêter à examiner si ces délits ont été formés par une filtration d'eau qui s'est établie entre les blocs, ou au contraire par un manque d'eau dans le temps de la premiere formation de la carriere, ou enfin s'ils ont été formés en même temps que les blocs qui n'auroient pu se réunir, quoiqu'appliqués immédiatement les uns fur les autres ; c'est ce que d'ailleurs nous n'oserions décider. Ce qui est certain , c'est que ces blocs fe touchent ; qu'ils ont différentes épaiffeurs, & que les Ouvriers les diftinguent aifément par des fillons qui font affez apparents, & qu'ils cherchent à reconnoître avant que d'abattre les blocs.

Chacun de ces blocs est compofé d'une quantité de *feuilles* pofées parallélement les unes à côté des autres : à Angers le bloc est prefque perpendiculaire à l'horizon ; je dis prefque perpendiculaire, parce que la carriere est un peu inclinée. La plûpart des carrieres d'Angers font orientées du Nord au Sud , & l'inclinaifon de la maffe dans la partie la plus enfoncée rentre au Nord , de façon qu'un banc, fur neuf pieds perpendiculaires , a environ 20 pouces de retraite (*E F, G H, Pl. I*) ; ainfi l'on peut concevoir la difpofition qu'ont les feuilles de chaque bloc d'ardoife, en imaginant celle des feuillets de plufieurs livres , placés à la maniere ordinaire fur une tablette, mais en les fuppofant tous un peu inclinés fur cette tablette. Cette pofition que la nature a donnée à l'ardoife est très-heureufe ; car c'est une des plus commodes pour la détacher aifément. Si l'ardoife eût été dans une pofition contraire ; je veux dire, fi ces feuilles étoient horizontales, ou beaucoup inclinées à l'horizon, comme le font celles de quelques autres carrieres de pierres communes , elles euffent donné incomparablement plus de peine à les tirer. C'est cependant ce qui arrive dans quelques autres carrieres d'ardoife ; car cette pofition commune à l'ardoife d'Anjou, n'est pas générale à toutes les Ardoifieres. Prefque toutes les carrieres de Rimogne en Champagne, dont nous donnerons une courte defcription , renferment une ardoife beaucoup plus inclinée à l'horizon. Quelques-unes de la Bretagne, comme celles de Moifdon à dix lieues de Nantes que j'ai examinées, offrent une ardoife placée prefque horizontalement. Cette différence dans la pofition de cette pierre fait que le travail des dernieres carrieres differe un peu du travail de celles que nous décrivons ici ; & ces différences m'ont paru mériter d'être rapportées.

Il y a tout lieu de croire que dans les pays de fchistes ou d'ardoifes , comme à Angers , à Chaumont & aux environs de Mézieres , tout le fond du terrein n'est, pour ainfi dire, qu'un feul bloc d'ardoifes que l'on trouve plus près de la fuperficie de la terre, à certains endroits qu'en d'autres. On choifit, pour en former des carrieres propres à être travaillées, celles où l'ardoife fe trouve plus près du niveau du terrein ; parce qu'il en coûte moins pour la tirer.

Quelques Naturaliftes ont conjecturé que le banc de fchiste qui fe trouve en Anjou, a des branches fi étendues, qu'il va paffer fous la Manche, & qu'il fe retrouve en Angleterre dans la province de Northampton où cette efpece de pierre est très-commune ; mais on ne peut avoir fur cela que des probabilités.

Quoi

Quoi qu'il en foit, on peut dire qu'en Anjou une carriere entiere qui eft fouvent confidérable, n'eft occupée, pour ainfi dire, que par une feule pierre. La même maffe remplit tout l'efpace où l'on creufe, & s'étend peut-être beaucoup au-delà; cette maffe fe divife enfuite fuivant les délits (*MO*, *MO*, *I*, *L*,) qui la féparent en blocs, de figures & de grandeurs irrégulieres qui fe touchoient, & ne formoient prefqu'un corps dans la carriere; ainfi toute la perriere eft remplie de feuilles de pierres qui ont leurs directions un peu inclinées à la furface de la terre, & qui, outre cela, font paralleles les unes aux autres.

Pour revenir au travail de l'ardoife : la terre ayant été enlevée ; auffi-tôt que l'on rencontre la pierre, on commence à ouvrir une tranchée comme une efpece de foffe (21 *Pl. I*,) à laquelle on ne donne qu'autant de largeur qu'il en faut pour qu'un homme y puiffe travailler commodément, & dont la longueur va en ligne droite, depuis le milieu d'un des bouts de la pierriere jufqu'au milieu de l'autre bout. La longueur de ce foffé eft ce que nous nommerons la longueur de la perriere ; elle doit être parallele au plan des feuilles d'ardoife.

Ce premier travail eft long ; il faut fe faire jour en frappant fur des feuilles de pierres qui font pofées comme la tranche d'un livre. On fe fert pour ce travail d'un outil *T*, appellé *Pointe* : fa tête *X*, reffemble à celle d'un marteau, & fe termine par une pointe. Sa longueur eft de 8 ou 9 pouces ; l'épaiffeur de fon gros bout en a deux. Cet outil a une ouverture telle que l'œil d'un marteau, à 2 pouces de fon gros bout ; dans ce trou, entre un manche *V*, fait d'un morceau de bois mince, long ordinairement de 3 pieds, & gros feulement comme le doigt. La pointe de l'outil doit faire un angle obtus avec fon manche ; c'eft pour cela que l'on fait entrer un petit coin *Y*, dans le trou où il eft logé, & ce coin fe nomme à Angers l'*Engrois* ; cette pointe eft prefque toujours acérée & formée d'acier de Piedmont ; elle pefe 5 à 6 livres : on ne donne à cet outil un manche auffi foible & auffi flexible que celui dont nous venons de parler, que pour ménager fa pointe. Malgré cette précaution, elle n'a pas fervi une heure fans être émouffée, de façon qu'on eft obligé de la porter à la forge pour la réparer. C'eft principalement pour acérer ces fortes d'outils qui fervent journellement, & pour la réparation des machines à épuifement, dont nous parlerons dans la fuite, qu'on conftruit une ou deux forges (33) près de chaque perriere.

Deux ou trois Forgerons font occupés à ce travail. Ils fe fervent, pour l'entretien de la forge, de charbon de terre tiré des mines de la province & des environs. Pour le fervice d'une carriere, il faut encore un petit réduit (34) pour un ou deux Ouvriers deftinés à conftruire ou à réparer les feaux, bacquets, bafcicots, la charpente des *Machines d'épuifement* ou

Engins, & généralement tous les outils ou utenfiles en bois fervant aux Ouvriers qui exploitent la carriere, & que nous décrirons bien-tôt. L'on deftine à cet emploi les Ouviers les plus induftrieux, & leur attelier (34), fe nomme la *Vétille*.

Il faut un grand nombre d'Ouvriers & un long travail, pour ouvrir avec les pointes la premiere tranchée; c'eft un travail ingrat qui ne produit rien directement; toutes les pierres qu'on en détache, n'étant que de petites parcelles, on les jette avec la main hors de la foncée, d'où on les enleve avec une pelle *b* : tous ces petits fragments font partie des vuidanges.

Pour commencer une foncée, l'Ouvrier forme une rigole de la hauteur d'une foncée ordinaire; il ne lui donne d'abord qu'un pied de large, ou feulement les dimenfions néceffaires pour qu'il puiffe s'y retourner. Cet ouvrage lui eft payé ordinairement par l'Entrepreneur à la tâche, & à raifon de 7 fols 6 den. le pied quarré de *fonçage*.

Pour former cette premiere rigole, il coupe en deffous la pierre d'ardoife fuivant le côté de fon inclinaifon, c'eft-à-dire, fuivant celui *L H*, où la partie fupérieure du bloc fort intérieurement de la foncée, & la partie inférieure *H*, rentre en dedans; il coupe par le bas, fous le bloc, les parties de la pierre qu'il veut enlever; & de l'autre côté de la rigole, il jette chaque partie de la pierre qu'il détache, dans la couliffe à laquelle on vient de le voir travailler.

La foncée parvenue à fa grandeur qui regle, comme on peut le voir dans la Planche I, la largeur de la perriere, l'Ouvrier s'occupe à creufer à une de fes extrémités, le long du principal *chef* * de la carriere, un trou, ou une efpece de cuve quarrée (*A* & 20), où doivent fe rendre les eaux de toute la foncée, à laquelle il a foin de conferver une pente jufqu'à cette cuve, pour que les eaux viennent s'y dépofer.

La premiere tranchée étant ouverte, le refte de l'ouvrage va beaucoup plus vîte; on peut alors détacher de gros blocs de pierre. Il n'eft plus queftion, pour élargir la foncée, & exploiter les bancs, que de continuer à agrandir l'efpece de foffe qu'on a commencée, en abattant des blocs d'ardoife jufqu'à ce que le foffé devienne prefque auffi large que l'ouverture fupérieure de la carriere.

Les *pointes* *T* font encore les premiers outils dont on fait ufage pour féparer les blocs d'ardoife du refte de la maffe; on s'en fert pour creufer de petits trous de quelques pouces de profondeur, & l'on fait tous ces petits trous à peu-près fur une même ligne parallele au bord fupérieur de la

---

* On appelle *Chef* d'une Carriere, les deux côtés qui en forment les murs, & qui font perpendiculaires au fens fuivant lequel fe fend l'Ardoife; par conféquent, pour tirer les blocs, on eft obligé de les couper dans cette partie comme nous l'expliquerons par la fuite.

tranchée, à la diftance de 2 à 3 pieds. L'Ouvrier fe conduit, pour placer ces trous, fuivant l'examen qu'il a fait des délits apparents fur la furface de la foncée. Ces trous doivent fervir à placer les coins dont nous allons parler ; on les éloigne l'un de l'autre d'un pied, ou d'un pied & demi ; on commence par mettre dans chaque trou un coin de fer long de huit à dix pouces, qu'on nomme *fer* : on l'introduit dans le fens perpendiculaire. Cette opération eft appellée par les Ouvriers *faire le chemin* ou *enferrer*. On donne quelques coups de maillet fur les coins, & quand ils ont formé leur ouverture, on leur fubftitue d'autres coins plus forts *N, N, N, N*, qui fe nomment *Quilles*, & que l'on met aux mêmes endroits que les premiers. Ces quilles *f* ont deux pieds & demi de longueur. Lorfqu'on a planté de cette maniere, fur une même ligne, neuf ou dix coins ou quilles, plus ou moins, felon que l'on veut détacher une plus grande piece d'ardoife, un nombre d'Ouvriers (14, 14, 14, 14,) égal au nombre des coins, armés de gros marteaux de fer *R*, & placés fur le banc qu'ils veulent couper, frappent tous enfemble, chacun fur un coin. Ils agiffent comme feroient 9 ou 10 Fendeurs de bois qui feroient tous occupés à fendre enfemble une même piece. Leurs coups redoublés qui tombent en même temps, obligent les coins à s'enfoncer dans l'ardoife. Quand une quille eft entrée jufqu'à une certaine diftance, ils en mettent une autre derriere celle-ci *N N*, & quelquefois ainfi 4 ou 5 fucceffivement, jufqu'à ce que le bloc qui fe trouve entre la foncée ou le banc que l'on veut enlever à l'aide des quilles dont nous parlons, fe fépare du refte de la maffe. Ce qui n'arrive fouvent qu'après un travail affidu & pénible de cinq à fix jours.

Les marteaux dont les Ouvriers fe fervent pour frapper les quilles, fe nomment *Pics*. La tête de ce marteau pefe environ 30 liv. un de fes côtés fe termine en pointe, & fon autre extrémité eft arrondie.

Les Ouvriers employent différents moyens pour abattre les blocs, fuivant le côté de la carriere où ils travaillent. On fent qu'il feroit inutile de chercher des expédients pour faire tomber le bloc du côté de la carriere où fon inclinaifon *L H*, fait fortir la furface fupérieure du bloc en-dedans de la foncée, tandis que le pied du bloc rentre dans la carriere. Auffi-tôt que les coins ou quilles dont on s'eft fervi, ont détaché le bloc, comme il n'eft pas d'à-plomb, fa pefanteur l'entraîne, & il tombe dans la foncée fouvent dans le moment qu'on s'y attend le moins. Mais de l'autre côté de la foncée *I F*, où la furface fupérieure du bloc (fuivant l'inclinaifon que nous lui avons connue) eft moins avancée dans la foncée que fa bafe, la difficulté pour détacher le bloc, ainfi que pour l'abattre, eft un peu plus grande. Les Ouvriers pour travailler plus commodément à enfoncer les quilles, forment de ce côté de petits échaffauts avec des parties d'échelles ou des madriers qu'ils arrangent, & qu'ils font porter le long du banc, fur lequel ils travaillent pour pouvoir fe mettre d'un côté & de l'autrede la fon-cée, & avoir la liberté d'enfoncer, plus à leur aife, les coins ou quilles.

Il fe fait d'abord une fente à la fuperficie du banc, & fur toute l'étendue de la ligne tracée par les coins. Si après ce premier effort, le bloc offre trop de réfiftance, on augmente le nombre des quilles. Le bloc détaché, on cherche de nouveaux utenfiles pour l'abattre ; les Ouvriers fe fervent de différents leviers de fer. Ils employent 1°, un cifeau *g*, applati d'un de fes côtés qui lui fert de lame : ils prennent enfuite des barres de fer, plus ou moins longues, qu'ils nomment *Verdillons* ou *Lévres*. La barre la plus forte & la plus longue *h*, qu'ils appellent *Lévre*, ayant été introduite dans les ouvertures formées par les quilles, ils attachent à l'autre extrémité de ce levier, une corde fur laquelle tirent plufieurs hommes ; la fente s'augmente, le rocher s'ouvre, fe fépare, & tombe au pied du banc divifé naturellement en bloc, ou rompu par l'effort en éclats de différentes grandeurs ; c'eft ainfi que les Ouvriers parviennent à détacher le bloc, & à le jetter dans la foncée.

Le bloc en tombant fe partage en plufieurs parties ; & pour les retirer les unes de deffus les autres, ils employent de longs crochets de fer *i*, emmanchés au bout d'un bâton ; on fe fert encore, pour le même ufage, d'un double crochet *k*, auffi emmanché, qu'on nomme *Tranche*.

Il ne faut pas croire que cette maffe d'ardoife qu'on détache par le moyen des coins foit réguliere, ni qu'elle forme un bloc bien équarri ; nous le ré-pétons, la pierre qui conftitue la carriere d'ardoife, ne forme qu'une maffe ; elle n'eft point par lits, comme le marbre ou les autres pierres communes le font dans leurs carrieres : mais l'ardoife fe réduit en éclats, & les morceaux qu'on abat, ne portent prefque jamais les neuf pieds que doit avoir la foncée, à caufe des délits, & fouvent par l'accident de corps étrangers qui fe rencontrent dans l'ardoife.

Le bloc n'étant pas coupé en deffous au bas de la foncée, la pierre fe rompt au hazard aux endroits, où un délit disjoint le bloc qu'on fépare ; il faut alors occuper plufieurs Ouvriers (16, 17) à reprendre ces parties du banc qui font reftées, & à les détacher à peu-près de la même maniere qu'on l'a vu pour les premiers morceaux ; on appelle cette feconde opération *Ranger les écots, & dreffer le banc*. Elle fe pratique en mettant dans les trous qu'on a faits avec les pointes, de petits coins *a* appellés *Alignoirs*, ou les *Quilles*, dont nous avons parlé, fur lefquelles on frappe avec les pics *R*, *S*, pour jetter l'éclat à bas : autant que l'on peut, on ménage ces éclats quand ils font de grandeurs à pouvoir former de l'ardoife.

Si la pierre d'ardoife détachée, comme nous venons de l'expliquer, eft trop pefante pour être maniée commodément, on la divife en plufieurs morceaux, en employant pour cet effet un fort cifeau de fer avec lequel on fait une entaille au bloc dans la partie qu'on juge convenable ; le même

que

Ouvrier donne enfuite avec ce cifeau un coup fur le plat du bloc, en fuivant la direction de l'entaille ; il le rompt ainfi fuivant fa largeur, en deux parties plus commodes à manier & à tranfporter.

Si les blocs à divifer font épais, on engage dans ces blocs des coins de fer plus ou moins forts : les coins employés à cet ufage, font les mêmes que ceux deftinés à abattre les parties de blocs qui reftent aux bancs. Ils portent différents noms, fuivant leurs forces & leurs grandeurs : les premiers *z* font nommés *grands Fers* ; ceux qui font moins grands &, *Fers moyens* ; & les plus petits *a*, *Alignoirs*. La figure des uns & des autres eft pourtant affez la même : leur pointe eft fouvent échancrée, quelquefois en arc de cercle, quelquefois en angle ; & cela fans doute afin qu'elle trouve moins de réfiftance à entrer dans l'ardoife. En préfentant d'abord une moindre furface, il y a moins de frottements à vaincre. Les grands fers ont environ huit à neuf pouces de longueur ; leur bafe ou leur tête a deux ou trois pouces de large : les alignoirs n'ont que quatre à cinq pouces de longueur, & leur bafe eft beaucoup plus petite que celle des fers. Les maillets ou les marteaux avec lefquels on frappe fur ces différents coins, font auffi de différentes grandeurs ; les uns & les autres portent, parmi les Ouvriers, le nom de *Pics* : nous avons dit que la tête des plus grands pics *R* avoit environ un pied & demi de long. On fe fert auffi, pour dreffer les bancs, d'un fecond marteau *S* appellé *Pic moyen*, qui reffemble à ces premiers ; le fer ou la tête eft feulement moins longue & moins pefante que celle des grands pics. Nous obferverons en paffant que le manche des outils, ainfi que les bâtons des échelles *P* font fouvent faits de bois de houx, qui eft très-commun dans le pays.

On continue d'enlever, comme nous venons de le dire, de groffes maffes de pierres jufqu'à ce qu'on ait retiré par pieces le bloc qui occupoit une foncée. Il faut remarquer qu'avant de tirer le bloc qui termine la foncée le long des deux côtés qui doivent former les murs, ou ce qu'on appelle *les chefs de la carriere*, il faut néceffairement détacher les blocs le long de ces deux chefs. Les Ouvriers, pour cet effet, font une coupe avec les pics le long des parties (35, 36) de la carriere, qui doivent fervir à former les murs ; & pour leur donner plus de force, ils ont l'attention de leur laiffer une certaine pente, afin qu'ils puiffent fe foutenir. Cet ouvrage eft encore long & tout-à-fait infructueux : ce bloc féparé du chef fe détache de la foncée, comme nous l'avons dit pour tous les autres blocs du même banc. On voit que par ce moyen le fond de chaque foncée n'eft pas précifément auffi large que l'ouverture fupérieure de la carriere, puifqu'on laiffe un peu de talus au mur naturel qui en forme les quatre faces, de crainte qu'il n'arrive quelque éboulement confidérable.

Il y a pourtant une ou deux faces de la carriere que l'on taille plus à plomb : nous en dirons la raifon dans la fuite. On a donné particuliérement le nom de *chefs* à ces deux côtés de la carriere placés dans le fens où l'on eft obligé de couper la pierre, & perpendiculaire à celui fuivant lequel elle fe fend. Ces deux coupes ou chefs forment les deux principaux côtés de la perriere.

Il y a un des bouts ou un des côtés de la carriere où l'on ceffe de la travailler, lorfqu'il ne refte plus de largeur à la foncée jufqu'à la foncée fupérieure, qu'autant qu'il faut pour qu'on puiffe y placer une échelle qui ferve à monter fur ce qu'on a pareillement laiffé au banc précédent ; en forte que depuis le haut de la perriere jufqu'au fond, on laiffe d'un côté, pendant un certain temps, des *redans* qui forment une efpece d'efcalier dont les marches, à la vérité, font un peu hautes ; car pour aller d'une marche à l'autre, il faut une échelle au moins de 11 à 12 pieds de hauteur, puifque chaque foncée a 9 pieds de profondeur. Ces efpeces de marches font voir du premier coup d'œil à combien de foncées la carriere eft pouffée. On voit, par exemple, dans la planche premiere dont on a ôté jufqu'au neuvieme redan, que les Ouvriers travaillent actuellement à la treizieme foncée. Des échelles difpofées de foncée en foncée, donnent la facilité de monter jufqu'au haut de la perriere. A mefure qu'on avance, le fond de la perriere devient plus étroit, & bientôt le deviendroit beaucoup trop ; auffi ces redans ou ces efpeces de marches ne font pas faites à demeure ; on les détruit après quelque temps de travail ; fouvent même dès que la foncée de deffous eft parvenue au redan de deffus, on ôte ce dernier. Car fi dans une carriere dont le fond auroit 100 pieds de largeur, on laiffoit feulement d'un côté un banc ou gradin de 4 pieds de fuperficie, à la dixieme foncée la carriere fe trouveroit diminuée & rétrécie de 40 pieds, & à la vingtieme elle n'auroit plus que 20 pieds de largeur. Pour ne point tomber dans cet inconvénient, & pouvoir defcendre dans la carriere, quand on l'a creufée jufqu'à un certain point, on pratique dans un de fes angles le plus folide, des retraites (26, 27, 28) en forme de confolles, & fouvent des banquettes pour communiquer de l'une à l'autre ; on place ordinairement de 30 à 40 pieds des échelles de même dimenfion qui conduifent d'une banquette à l'autre ; elles fervent pour monter & defcendre les Ouvriers qui travaillent au fond de la carriere.

Il eft rare, comme on l'a dit, que la premiere foncée donne de bonne ardoife. On n'en retire ordinairement qu'une pierre qui, quoique feuilletée, n'eſt pas propre à être diviſée en feuillets minces. Ce n'eſt pas que cette pierre ſoit d'une eſpece différente de celle de l'ardoiſe que l'on doit trouver plus bas ; mais elle ne pourroit jamais en acquérir la perfection, ni devenir d'une bonne qualité. Le défaut d'humidité qui ſans doute lui a manqué, a facilité la réunion de ſes parties, & elle ne forme plus qu'une maſſe qui ne peut être ſéparée par la ſucceſſion du temps. Cette premiere pierre n'eſt pourtant pas inutile ; elle eſt propre, comme nous l'avons dit, pour bâtir des murs ; & on en a beſoin pour faire ceux de divers bâtiments que l'on ne peut ſe diſpenſer de conſtruire près de la perriere.

Cependant on aimeroit ſouvent mieux trouver ſeulement de la terre, que beaucoup de cette eſpece de pierre qui eſt plus difficile à détacher. Après cette pierre, on en trouve une autre qui n'eſt pas encore de belle ardoiſe. On ne laiſſe pas néanmoins de l'employer pour les couvertures des granges, pour celles des maiſons de Payſans des environs d'Angers, & pour d'autres bâtiments de peu d'importance.

Comme elle ne peut pas ſe diviſer en feuillets fort minces, les ardoiſes qui en ſont faites, ſont peſantes ; auſſi ne les tranſporte-t-on point dans les pays éloignés. On la nomme de l'ardoiſe *poil roux*, nom qui exprime fort bien en quoi elle differe de la belle ardoiſe, dont la couleur eſt partout d'un noir grisâtre, au lieu que celle-ci eſt d'une couleur plus brune, & marquée en pluſieurs endroits par des taches rouſſes plus ou moins grandes ; la couleur de la rouille de fer reſſemble aſſez à celle des taches qui défigurent l'ardoiſe dont nous parlons.

Pour ne point interrompre la ſuite du travail des carrieres d'ardoiſe, nous réſervons, pour la fin de ce Traité, les remarques que nous avons été à portée de faire ſur cette premiere couche d'ardoiſe moins parfaite que les autres, ſur la reſſemblance que nous avons cru lui trouver avec la premiere couche qui recouvre les filons des mines de charbons de terre.

Plus l'on creuſe, & moins l'on trouve de ces taches rouſſes ſur l'ardoiſe : ce ne ſont gueres que les premiers pieds qui ſe trouvent de cette mauvaiſe qualité. On parvient bientôt à une pierre qui ſe laiſſe aiſément diviſer en feuillets minces & d'une belle couleur ; mais on ne peut & on ne doit pas aller chercher la belle pierre qui eſt dans les foncées inférieures, que l'on n'ait enlevé à peu près ce que l'on doit retirer des foncées ſupérieures.

Nous avons dit que la belle ardoiſe ſe trouve plutôt dans certaines perrieres & plus tard dans d'autres. L'Ordonnance de la Ville de Paris ſur la *Moiſon* des ardoiſes, chapitre 29, art. 4. (*) veut que l'ardoiſe qui

(*) Furetiere, au mot *Ardoiſe*, Ordonnance de Louis XIV. & Traité de la Police de la Marre.

fera deftinée pour fervir aux bâtiments de la Ville de Paris & des environs, foit faite & fabriquée de pierres tirées de la troifieme foncée de
chaque perriere qui fe trouvera au moins à 27 pieds de profondeur ;
& que l'ardoife qui fera tirée des deux premieres foncées, demeure dans
la Province, pour fervir de couverture aux bâtiments de la Ville d'Angers & de fes environs.

C'eft-là une regle fort incertaine fur la bonne qualité de l'ardoife,
puifque la feconde foncée d'une perriere donnera quelquefois de meilleure ardoife que la quatrieme ou cinquieme foncée d'une autre carriere,
& que fouvent on en trouve de très-belle dès la feconde foncée.

Quelquefois les Ouvriers en travaillant une foncée de belle ardoife, ce qu'ils
appellent *être en bonne chambrée*, rencontrent une veine où l'ardoife eft tendre
& non liée, ou marquée de raies qui la rendent défectueufe : cette mauvaife qualité de l'ardoife fe nomme *Feuilletis*. Il fe trouve auffi des blocs
qui au contraire de ceux-ci font affez durs pour ne pouvoir pas être féparés ;
l'ardoife n'y forme qu'une maffe très-compacte : ce défaut eft le plus fouvent dû à un mêlange étranger de la nature du *Quartz* qui fe trouve en-
clavé dans le *Schifte*, & à qui les Ouvriers ont donné le nom de *Chats*
(*G*, *Pl. III.*). On voit donc que dans toutes les foncées il peut fe trouver
des ardoifes qui ayent ces défauts, & principalement les deux derniers
qui font auffi communs dans les foncées les plus profondes que dans
les premieres.

Il y a encore une autre efpece d'ardoife qui fe trouve dans toutes les
foncées, & qu'il eft défendu d'employer en *poil-gros-noir*, comme étant moins
parfaite. Nous avons dit que la carriere ne formoit qu'une maffe de pierre,
mais que cette maffe étoit divifée par différents blocs qui fe féparoient
avec un peu d'aide. Ces différents blocs fe disjoignent probablement,
parce que quelques parties, à la vérité très-fines, fe font interpofées entre
celles d'un bloc & celles du bloc voifin. Il paroît, comme nous le ferons voir dans la fuite, qu'à Angers cette défunion a été produite par
une eau chargée de parties ferrugineufes qui s'eft defféchée, & dont il
ne refte plus aujourd'hui qu'une couche de fer qui gâte l'ardoife, & la
tache ; cette premiere couche des blocs (*E*, *F*, *Pl. IV.*) ne peut fervir
qu'à former une ardoife *poil taché* qui ne donneroit pas un coup d'œil fi agréa-
ble, & qui doit encore fe confommer dans le pays : cette efpece d'ardoife, comme l'on voit, fe trouve dans toutes les foncées.

Il refte outre cela entre les différentes feuilles d'ardoifes qui compofent un
bloc une certaine humidité qui fert à les tenir féparées. Celle à *poil roux*
qui fe trouve la premiere en ouvrant une carriere, manque d'une partie
de cette eau qui devoit tenir défunis tous les feuillets minces dont la bonne
ardoife eft compofée ; c'eft pourquoi fi on laiffe fécher jufqu'à un certain

point

point la meilleure efpece de pierre, celle qui doit former la bonne ardoife qui eft le *poil noir*, elle devient plus difficile à fendre. Cette même humidité ne contribueroit-elle point à fa couleur noire. Peut-être diffout-elle & détache-t-elle cette matiere qui fait les taches rouffes de l'ardoife à *poil roux*. J'ai obfervé (ce qui paroît s'accorder avec ce que je viens de dire) que dans les anciens amas de vuidanges, on a de la peine à diftinguer les fragments de la plus belle ardoife de ceux de l'ardoife à *poil roux*, fur-tout à la furface des fragments qui eft la plus expofée aux impreffions de l'air; ils ont tous pris à peu près la même couleur.

Il eft conftant que l'ardoife inférieure eft beaucoup plus humectée que l'ardoife fupérieure : la raifon en eft aifée à appercevoir. Tous les feuillets d'ardoife étant paralleles les uns aux autres, & prefque perpendiculaires à l'horizon, chaque petite goutte d'eau peut agir de tout fon poids pour s'ouvrir des chemins, ou pour aggrandir ceux qui font déja ouverts : elle peut pénétrer jufques dans des endroits où la chaleur du foleil ne peut arriver; au lieu que cette chaleur fait évaporer l'eau qui fe trouve dans l'ardoife fupérieure, & qui n'a pas encore eu le temps de defcendre. Au refte l'eau ne paffe que trop facilement au travers des blocs d'ardoife; & nous ferons voir dans la fuite que ceux qui font travailler aux carrieres, en font affurés par des expériences qui leur coûtent cher.

Les blocs d'ardoife ayant été détachés, font donc divifés en morceaux de grandeur convenable pour être montés au haut de la perriere. Cette premiere divifion qui eft faite au fond de la carriere, s'appelle *réduire les blocs en crenons* : ces parties divifées fe chargent dans des hottes; des hommes (24, *Pl. I.*) les portent près du chef de la carriere, pour être à portée des engins qui doivent les tranfporter au haut de la fouille.

Le travail le plus ordinaire de ces hotteurs, dont il y a toujours un grand nombre occupés dans une perriere, eft de porter les vuidanges : il s'en affembleroit beaucoup au fond de la foncée, & les Ouvriers en feroient embarraffés : les petits fragments d'ardoife qui font inutiles, fe nomment, comme nous l'avons dit, *vuidanges*. Les groffes pierres fe jettent à la main ; les petites s'enlevent du bas de la foncée avec une pelle.

Les hottes dont on fe fert pour porter les vuidanges, font un peu différentes de celles dont on fe fert pour porter les pieces d'ardoife. Les premieres *e* ont leur panier plus grand ; & les fecondes *d* ont leur doffier plus haut. On nomme ces dernieres *hottes à quartier*, pour les diftinguer de celles *à vuidanges* : auffi pofe-t-on les pieces d'ardoife fur les bords du panier, & on les couche fur le doffier de la hotte. Le doffier des unes & des autres eft rembourré de paille du côté *e* qui touche le *dos* du hotteur ; c'eft une efpece de petit couffin qui empêche la hotte de faire une trop rude impreffion fur fon dos.

ARDOISE.   E

A Angers, les Ouvriers Hotteurs ne font que porter les blocs réduits en crenons & les vuidanges proche le chef de la carriere, où font établis les machines & engins ; toutes ces pierres d'ardoife & les parties inutiles fe montent au haut de la carriere à l'aide des machines dont nous parlerons dans un moment. On en charge des caiffes ou *Bafficots*, de la façon que nous l'expliquerons auffi, quand nous aurons décrit les machines qui fervent à l'épuifement de l'eau que fourniffent en grande quantité les carrieres d'ardoife, & à l'élévation des blocs & vuidanges.

Les Ouvriers qui travaillent au fond de la perriere à creufer la carriere, à en détacher les blocs, enfin à former les foncées, les cuves, & généralement toutes les coupes horizontales & perpendiculaires ; comme auffi à tailler la pierre en tous fens, à dreffer les bancs & à en retirer la pierre d'ardoife ; enfin à l'approcher des engins, & à en charger les bacquets & bafficots, fe nomment *Ouvriers d'en-bas*. On les diftribue par bandes de 10 ou 12 qui ont leur tâche particuliere. On employe jufqu'à 50 Ouvriers dans une grande carriere. Ils travaillent ordinairement à l'entreprife, & font payés au prix courant & à la toife. Leur métier n'a rien de difficile ; il eft néceffaire feulement qu'ils prennent des connoiffances juftes fur la direction des blocs d'ardoife qui s'acquierent promptement par l'expérience. Nous ne faurions trop répéter que pour bien conduire le travail d'une carriere, & avec économie, il faut diftribuer les Ouvriers de façon que tous ayent à travailler, & que leur ouvrage ne fouffre point d'interruption.

Dès qu'on a ouvert une foncée, & que l'on s'apperçoit que l'eau fuinte des parois des blocs, les Ouvriers pratiquent, ainfi qu'on l'a obfervé, un trou ou une cuve (20) à une extrémité de la foncée, dans la partie la plus baffe, afin que l'eau puiffe s'y amaffer en fuivant différentes rigoles ; on forme ainfi plufieurs cuves où doit fe rendre toute l'eau d'une carriere, & on les conferve principalement au banc où l'on voit qu'il fourcille le plus d'eau, & aux endroits des foncées les plus près des chefs qui répondent aux machines d'épuifement, qu'on nomme à Angers *Engins*, & qu'on a établies fur ces chefs.

Quand on a formé une foncée, pour creufer la cuve & vuider l'eau qu'elle contient en la travaillant, la premiere machine qu'on met en ufage eft *la Bafcule* ou *le Trait* (37).

Un ou deux hommes font employés à la faire agir. S'il y en a deux, l'un eft au fond de la foncée ; il aide au feau à puifer l'eau qui s'amaffe dans la petite cuve pratiquée dans la partie la plus baffe de la foncée, tandis que l'autre (18) l'éleve au haut de la foncée par le moyen de la machine ou bafcule que nous allons décrire.

Cette machine eft bien fimple ; fon pied (*R P, Pl. III.*) eft compofé de deux pieces de bois pofées verticalement l'une fur l'autre ; elles ont

cinq à fix pieds de long. La piece inférieure *P Q* qui fert de fupport, a
un pied ferré & pointu, lequel, dans certaine carriere *P*, eft enfoncé dans
l'ardoife, & dans d'autres porte des traverfes *p*. Ce pied eft retenu fur les
bords de la foncée fans entrer dans la pierre : la machine pour lors eft
mobile & fe place en différents endroits. Cette piece de bois eft percée,
au milieu de fon extrémité fupérieure, par un trou *Q* dans lequel entre
un pivot ou tourillon qui eft au bout de l'autre piece *R* ; de-là il eft
clair que la piece fupérieure peut tourner fur l'inférieure. La premiere a
une entaille dans laquelle eft placé un long levier *S T* plus gros à
une extrémité qu'à l'autre : le même levier a un trou qui traverfe fon
épaiffeur ; ce trou eft beaucoup plus près du gros bout que du petit ;
un boulon de fer *V* qui traverfe l'entaille de la piece fupérieure paffe par
le trou du levier, & le retient par conféquent dans l'entaille ; il feroit
inutile d'ajouter que ce levier eft mobile à l'aide de ce boulon. A l'extrémité de la plus petite partie du levier, ou ce qui eft la même chofe,
à fon extrémité la plus éloignée du point d'appui, eft attachée une corde
ou *Verne* au bout de laquelle eft fufpendu un feau. A Angers, au lieu
d'une corde, c'eft une perche *I* qui eft retenue par une de fes extrémités
à celle du levier avec une corde, & dont l'autre partie porte un crochet
&, dans lequel on paffe un feau qu'on retient avec une cheville de fer
qui entre dans les deux parties du crochet par-deffus l'anfe du feau.
Comme la piece fupérieure *R* qui porte le levier peut tourner fur elle-
même, on imagine affez qu'il eft aifé de faire defcendre le feau précifément à l'endroit de la foncée que l'on veut ; on l'y remplit d'eau, ou
quelquefois de vuidanges ou de pieces d'ardoife. Le même homme qui l'a
chargé, fouleve un peu le feau, pendant qu'un autre homme (18) tire en
bas le gros bout du levier ; le feau étant parvenu au-deffus de la foncée,
il ne refte qu'à faire tourner horizontalement ce levier : on le fait fans
peine, en pouffant fon gros bout dans ce fens, puifque la piece qui le foutient eft mobile fur elle-même. Il ne s'agit plus que de renverfer l'eau que
contient le feau dans une rigole qui la conduit jufqu'à un puits ou cuve
(32), fupérieure à celle qu'on vuide : l'eau s'y ramaffe, & en eft puifée par
le moyen des machines à épuifement (31) dont nous allons parler.

Ce qui oblige à conftruire ces machines, c'eft donc principalement la
néceffité où l'on eft d'épuifer l'eau du fond de la carriere : fouvent on ne
l'a pas pouffée à quelques foncées, que l'on voit l'eau s'échapper par différents endroits ; elle fe raffemble dans le fond de la foncée, d'où elle
chafferoit bientôt les travailleurs, fi l'on n'avoit foin continuellement de
l'épuifer. Nous avons dit que l'on formoit à plufieurs foncées des efpeces
de cuves *A* ou de puits, où fe rendoit l'eau par des rigoles *c, c, c,* comme

dans des réfervoirs communs ; les deux principaux engins qui font en ufage, dans les carrieres d'Angers , pour puifer l'eau de ces puits , font ceux que nous avons fait graver & que nous allons décrire ici.

Machines d'épuifement & Engins.

UNE de ces machines & celle dont on fe fert le plus ordinairement eft à découvert & compofée de diverfes pieces de charpente. Nous avons dit qu'il y avoit un côté de la carriere que l'on nommoit le *Chef* ; que ce côté étoit perpendiculaire au fens dans lequel fe fend l'ardoife, & que c'étoit par conféquent le côté où il falloit couper le bloc pour le détacher , quand on étoit parvenu à l'extrémité de chaque foncée.

C'eft fur un de ces côtés de la carriere, ou fur les deux côtés, fi la carriere exige la conftruction d'un grand nombre de machines qu'on les établit ; mais autant qu'il eft poffible , on n'en met à Angers que d'un feul côté de la carriere , parce que dans la plûpart des ces perrieres les blocs d'ardoife ont une pente & une direction vers le nord ; de forte que les couches qui fe trouvent du côté oppofé , rentrent dans la carriere, & par conféquent la pierre offriroit dans cette partie un fond moins folide & beaucoup plus incertain , pour y placer des machines dont l'éboulement pourroit occafionner de grands dommages & de grandes dépenfes.

Au contraire , la pierre d'ardoife fur le côté de la carriere, que l'on regarde comme fon *principal chef* , fe trouve toujours appuyée fur fon lit de carriere ; & comme il eft plus folide , c'eft celui que l'on choifit par préférence pour y conftruire les engins dont nous parlons.

Pour établir ces machines fur une matiere folide, & pour empêcher l'éboulement de ce côté de la carriere que l'on nomme le *Chef*, fur lequel on doit les appuyer ; après avoir ôté la terre, & détaché de ce côté la quantité d'ardoife que l'on a jugé néceffaire, on bâtit un mur (38, 38, 38) auquel on ne donne qu'autant de talus qu'il faut pour le rendre folide. On le fait plus ou moins haut ; c'eft-à-dire , qu'on commence à le bâtir plus ou moins près du fond de la carriere, felon le befoin ; mais il doit toujours aller jufqu'à fon bord fupérieur.

La face de la perriere, ou le chef fur lequel on bâtit les engins, doit donc être revêtu en partie d'ardoife, & en partie d'un mur, ou plutôt d'une maffe formée le plus fouvent avec des blocs d'ardoife taillés & liés avec du mortier , comme on le voit (*Pl. I.*). On employe des pierres de rebut, & l'on donne à ce nouveau mur environ vingt pieds d'épaiffeur & quelquefois plus de 40 pieds de haut ; car on comprend que fa hauteur doit varier, fuivant qu'il a été néceffaire d'enlever plus ou moins de terre & de pierre pour parvenir à un fond folide.

On

On doit élever ce mur de quelques pieds au-deſſus du terrein , afin de pouvoir établir les machines ſur un endroit aſſez élevé , & faciliter par-là l'écoulement des eaux.

Pour retenir les pierres qui forment la maçonnerie , on emploie pluſieurs pieces de bois que l'on place de diſtance en diſtance ; on les aſſujettit par des tirants de fer, ou clefs qui paſſent dans l'épaiſſeur du mur , & donnent plus de liaiſons aux pierres qui ont ſervi à le former.

C'eſt près de l'extrémité ſupérieure de ce mur, que l'on ſcelle pluſieurs poutrelles (*A , A , Pl. II.*) paralleles les unes aux autres, ainſi qu'à l'horizon , & qui ont pluſieurs pieds de ſaillie vers le dedans de la carriere. Pour une petite machine à découvert, telle qu'eſt celle que nous décrivons, deux poutrelles ſuffiſent ; de bons arcboutans de bois *B, B,* dont une des extrémités eſt ſcellée dans le mur, & dont l'autre extrémité eſt emmortoiſée dans ces poutrelles , ne contribuent pas peu à les rendre ſtables ; auſſi ont-elles à ſoutenir une lourde charge. Près d'un de leurs bouts , elles portent l'une & l'autre un montant *E , E,* avec lequel elles ſont aſſemblées à tenons & à mortoiſes, & ſoutiennent chacune, immédiatement à fleur du mur , un autre montant *G , G,* avec lequel elles ſont aſſemblées de la même maniere ; ainſi les poutrelles horizontales ſont la baſe de la machine ; & les quatre montants ſont les piliers qui portent tout le reſte. A l'extrémité ſupérieure des deux montants qui ſont ſur la même poutrelle, eſt attachée une longue piece ou chevron *H L, H L.* L'autre extrémité de chacun de ces chevrons eſt ſoutenue à pluſieurs pieds de-là par deux montants *M L , M L* de même hauteur que les précédents *E , G,* mais plus forts, & par une traverſe *L L,* appuyée horizontalement ſur ces deux montants. La diſtance de l'un à l'autre doit être telle , qu'un cheval attaché à un arbre puiſſe tourner entre ces deux derniers montants ; car il y a un arbre *O Q* poſé verticalement entre l'un & l'autre , qui a un pivot à ſon extrémité ſupérieure *Q,* & ce pivot entre dans la traverſe qu'on vient d'indiquer. On donne ordinairement à l'aire que doit parcourir le cheval , environ 24 pieds de diametre.

Cet arbre vertical porte un *tambour R S,* autour duquel ſont entortillés deux cables *R, S* dans un ſens différent. Le cable ſupérieur eſt arrêté près de l'extrémité ſupérieure du tambour, & le cable inférieur près de ſon extrémité inférieure. De-là il eſt clair que quand l'arbre tourne, un des cables ſe détortille, tandis que l'autre vient s'y rouler ; les deux cables ont chacun leurs poulies particulieres *P , P,* & les poulies ont chacune leur eſſieu *I , I,* qui ſont ſoutenus par deux traverſes *K K ,* aſſemblées dans les montants que porte une même poutrelle : entre les deux poutrelles qui ſoutiennent les quatre montants, il reſte un eſpace vuide. Cet eſpace eſt immédiatement au-deſſus du puits ou de la cuve creuſée au fond de la carriere ; d'où il ſuit

ARDOISE.   F

que s'il y a un feau à l'extrémité de chaque cable, lorfque ce cable eft fuffifamment développé de deffus fon tambour, le feau qui y eft fufpendu, plonge dans le puits ; & qu'au contraire le feau fufpendu à l'autre cable, fe trouve alors précifément au haut de la carriere, parce que les deux cables font égaux.

Les feaux qu'on fufpend au bout de chaque cable font très-grands ; car on fe fert ordinairement d'une pipe d'Anjou ; ils contiennent par conféquent près de deux muids d'eau. Pour qu'ils foient plus folides, on les garnit de plufieurs frettes de fer (44, 55) ; il y a diverfes chofes dans leur conftruction qui, quoique affez fimples, méritent pourtant d'être remarquées, parce qu'elles produifent un effet commode, qui eft que le feau fe vuide de lui-même lorfqu'il eft arrivé au haut de la carriere.

Dans la frette (4, 4), qui eft la plus proche du milieu du feau, il y a deux *tourillons* (3) dans deux endroits diamétralement oppofés : ces deux tourillons entrent dans deux anneaux qui font aux extrémités de l'anfe du feau (12), & cette anfe peut tourner librement autour des tourillons ; mais afin qu'elle n'en puiffe point fortir, chaque tourillon eft percé par un trou près de fon extrémité, dans lequel on fait entrer un boulon de fer (3). Le bord fupérieur du feau eft encore entouré par une *frette*, au-deffus de laquelle eft un anneau de fer (7) foutenu à quelques pouces de diftance (8) du bord du feau par quatre barres de fer (8, 8, 9, 9) clouées contre fes parois extérieures ; & afin qu'elles fatiguent moins le feau, il y a des étriers de fer qui, après avoir paffé fur ces barres par le dedans du feau, viennent par deffus le bord : ces étriers font cloués contre la furface extérieure des parois (6, 6, 6, 6).

C'eft de la façon dont le feau eft fufpendu par fon anfe, & de l'anneau de fer foutenu à quelques pouces de fon bord, que dépend la maniere fimple dont il fe vuide. Les deux poutrelles qui portent la charpente de la machine, foutiennent près de leurs extrémités une auge de bois *C, C*. Au bord de cette auge le plus proche du mur, font attachés deux crochets de fer affez longs, (1, 2, 13, 14) & auffi éloignés l'un de l'autre qu'il eft néceffaire pour l'ufage de chaque feau féparément. Quand le cable a fait monter un des feaux jufqu'auprès du bord fupérieur de l'auge, un des crochets s'engage dans l'anneau foutenu au-deffus du bord du feau : fi l'arbre alors continue à tourner, il tire le feau en haut ; mais l'anneau fupérieur étant arrêté dans un crochet qui ne fauroit beaucoup s'élever, il eft clair que le bord fupérieur du feau ceffe de monter pendant que fon milieu s'éleve encore, ou, ce qui eft la même chofe, le feau fe renverfe & jette fon eau dans l'auge.

Auffi-tôt le *Toucheur M* (c'eft ainfi qu'on nomme l'homme chargé de faire marcher le cheval qui fait mouvoir l'arbre) le fait retourner fur fes pas,

& l'oblige de marcher en un fens contraire : le même cable qui s'étoit tortillé fur l'arbre, fe développe ; le feau vuide defcend tandis que le fecond feau monte au haut de la carriere, où il fe vuide à fon tour, comme le premier ; l'eau s'échappe de l'auge par l'ouverture (*X.*, 17), fuit une gouttiere formée par plufieurs rigoles de bois appellées *Enchaînots*, & va fe perdre dans les terres.

Il y a des chevaux fi exercés à tourner autour de l'arbre, tantôt dans un fens & tantôt dans un autre, qu'il n'eft pas néceffaire que leur conducteur les avertiffe quand il faut changer de route ; le bruit feul de l'eau qui tombe dans l'auge les détermine à retourner fur leurs pas.

On fe fert communément à Angers, comme nous l'avons dit, de pipes pour en former les feaux de ces machines ; ce qui fait qu'on ne peut pas leur donner toutes les perfections qu'il feroit facile de leur accorder, fi l'on en conftruifoit exprès pour cet ufage. Nous avons cru devoir faire graver un feau (*L, M, Pl. III.*) qui noûs a paru plus commode, & dont on fe fert ordinairement pour puifer l'eau dans les grands puits, dont un cheval fait tourner l'arbre : l'anneau *M*, nous a paru particuliérement mieux entendu. La pente principale qu'a l'anneau *M*, oblige le crochet de defcendre jufqu'à ce qu'il foit parvenu à cette partie la plus baffe, & le feau fe renverfe pour lors avec plus de facilité.

On a coutume encore dans les puits dont nous parlons, où l'on occupe un cheval à tirer l'eau, de fufpendre au-deffus de la chaîne *L*, qui foutient le feau, un bâti *V, V, N, N*, qui eft retenu en *V, V*, par deux boulons attachés à deux pieces de bois, & qui lui laiffent un mouvement d'ofcillation. La chaîne de fer, dont les deux parties s'écartent l'une de l'autre, paffe entre les traverfes *N, N*; ce qui oblige le feau, quand il fe préfente de côté, à fe retourner pour paffer entre les deux traverfes, & le crochet le faifit ; le feau fait la bafcule fur fa fufpenfion, & l'eau qu'il contient fe renverfe, comme nous l'avons détaillé plus haut,

Il y a deux fortes de machines employées au même ufage : celle dont il s'agit à préfent, & une autre qui differe peu de la première. Cette feconde eft à l'abri des injures de l'air : elle eft logée quelquefois dans une efpece de grande chambre, bâtie exprès fur le chef de la perriere ; elle eft d'ailleurs affez fimple, & c'eft la principale raifon qui engage à s'en fervir. Ce *grand Engin*, pour nous fervir du terme employé par les Ouvriers, eft compofé d'un gros arbre pofé verticalement au milieu de la chambre. L'arbre tourne fur deux pivots dont le fupérieur eft engagé dans une poutre foutenue par deux murs diametralement oppofés : environ à 7 pieds de hauteur ; le même arbre porte un *Rouet*, ou, en terme plus connu, une roue armée d'*Alluchons*, *c, c, c*, ou de dents perpendiculaires au plan de la roue qui eft horizontal ; ou , ce qui revient au même , dont les alluchons *c, c* font paralleles à l'arbre.

La même poutre , dans laquelle le pivot fupérieur de l'arbre vertical eft engagé , foutient l'un des bouts d'un arbre couché horizontalement. L'autre bout du même arbre eft pofé fur une traverfe portée par deux montants qui font vis-à-vis du fond de la carriere ; & ces deux montants font affemblés fur deux de ces groffes pieces horizontales qui ont une faillie de plufieurs pieds vers le dedans de cette carriere.

Ce dernier arbre horizontal *g* eft l'effieu d'une lanterne , entre les *Fufeaux* de laquelle entrent les *Alluchons* de la roue; d'où l'on voit que quand l'arbre vertical tourne, il fait tourner le rouet, & les dents de ce rouet s'engrenant dans la lanterne, elles font tourner fon *Effieu* ou l'arbre horizontal. Une partie de celui-ci eft vis-à-vis de la carriere, & cette partie eft entourée d'un *Tambour*; à l'autre bout du même tambour , eft attaché un autre cable dans un fens oppofé. Par cette difpofition des arbres , des roues & des cables, on voit de quelle maniere les feaux attachés à ces cables vont puifer l'eau ; les feaux arrivés au haut de la carriere fe vuident de même que ceux des engins précédents. L'auge dans laquelle ils doivent verfer l'eau a de pareils crochets pour les arrêter ; l'eau tombée dans l'auge trouve une gouttiere qui la conduit hors de l'endroit où eft logée la machine , dans des petites rigoles de bois appellées *Enchaînots*, qui la portent loin de la *Perriere*.

Ces machines ont des défauts dont il eft aifé de s'appercevoir. 1°, Les feaux s'accrochent fouvent en montant , & une partie de l'eau qu'ils contiennent retombe dans la carriere ; 2°, Le choc feul de l'eau en tombant dans l'auge en rejette une partie qui retombe auffi dans la perriere. Le premier de ces deux défauts pourroit être corrigé en éloignant davantage les deux poulies fur lefquelles roulent les cordes : on remédiroit au fecond en laiffant toujours une certaine quantité d'eau dans l'auge , pour amortir fon choc ; il ne faudroit pour cela que la conftruire plus haute , & ne pas mettre la gouttiere (17, *Pl. II*) au fond de la caiffe, comme elle eft repréfentée ici , mais l'élever de 4 à 5 pouces. Au lieu d'un feul levier où eft attaché un palonier , & auquel on attele un cheval pour faire mouvoir la machine, on en ajoute fouvent deux, afin d'employer deux chevaux au lieu d'un. On y gagne en ce que les chevaux qu'on deftine à cet emploi, peuvent alors être plus foibles, par conféquent de moins de valeur, & travailler plus long-temps fans fe fatiguer.

Une partie de ces machines eft deftinée à puifer l'eau qui fe trouve dans la carriere ; mais plufieurs fervent à tranfporter l'ardoife au haut de la perriere. Lorfque l'on veut conduire quelques blocs extrêmement gros

fur

fur le bord de la foncée qui n'eft pas encore élargi, & l'*aligner* ; on fait à ce bloc un trou (21), dans lequel on fait entrer un crampon de fer appellé *Havet*, qui eft attaché à un des bouts du cable, de la même maniere que le feau. Mais jamais on ne monte ainfi en haut les grands blocs quand une fois l'ouverture eft faite, & quand le travail de la carriere eft en train : outre le danger qu'il y auroit que la portion du bloc où l'on a pratiqué le trou, & où le crampon eft placé, ne vînt à fe brifer, on feroit obligé d'avoir fur les échaffauts *des Ouvriers d'en-bas*, pour répartir les blocs en morceaux qui puffent être chargés & tranfportés aux atteliers des Fendeurs & des Tailleurs ; on aime mieux les monter au haut de la carriere, après les avoir réduits en petites parties qui fe nomment *Crenons*. On les charge, ainfi que les vuidanges, dans une efpece d'*Auge* de bois ou de coffre appellé *Bafficot* : ce coffre eft attaché à l'extrémité du cable par deux anfes de fer ; & les machines deftinées à cet ufage le font monter & defcendre. Ce bafficot forme une caiffe rectangle (*y y , u u , Pl. II.* ou *Pl. III.*) peu profonde ; deux cordes attachées par les deux bouts aux planches qui ferment les côtés du bafficot, lui fervent d'anfes ; ou fouvent, comme nous venons de le dire, il a deux anfes de fer que les Ouvriers nomment *Bertos* : on paffe ces anfes dans le crampon appellé *Havet* attaché à un des bouts des cables.

Une planche d'un des côtés du bafficot peut s'enlever en ôtant deux clavettes qui la retiennent : ce côté *z z*, du bafficot fe nomme *Lucet* : étant ôté, il eft plus aifé de nettoyer le bafficot. Les planches qui forment les autres côtés du bafficot, ne font point affemblées à tenons ni à mortaifes ; elles font jointes par de fortes équerres de fer qui les garantiffent d'être endommagées lorfqu'il vient à frapper contre le chef de la carriere.

On attache ainfi un bafficot (25, 25, *Pl. I.*) à chaque extrémité de la corde : cinq hommes font occupés à le fervir ; deux font chargés de le conduire alternativement ; & les trois autres reçoivent le bafficot chargé, lorfqu'il eft parvenu au haut de la carriere. Quand ils l'attirent à eux, le *Toucheur* parle à fon cheval pour le faire détourner. On affied le bafficot fur un chaffis de bois (*A, B, C, D, Pl. III*). Le *Conduifeur* pouffe fous la caiffe la partie *B* ou *C* qui fe nomme *Décharge*, & qui eft mobile au moyen d'une cheville de fer qui la retient d'un bout, & fur lequel elle fe meut comme fur un pivot. A l'autre extrémité de la traverfe fur laquelle coule la décharge, eft une cheville *D* placée à l'endroit où elle doit s'arrêter. Le bafficot étant pofé fur la décharge & un peu incliné, un homme ouvre le *Lucet* pour le vuider, tandis que deux autres Ouvriers en retirent les blocs avec un crochet, & l'un d'eux remet le lucet en place ; le Toucheur fait élever enfuite un peu le bafficot, tandis que l'homme chargé de le conduire, le préfente à l'ouverture de la carriere ; après quoi le Toucheur parle au cheval pour le faire retourner, & le bafficot defcend tandis qu'il en monte un autre que deux hommes en bas étoient occupés pendant ce temps à charger de nouvelles pierres ou vuidanges.

C'eft de cette façon que dans les carrieres bien conduites on enleve les blocs d'ardoife, les fragments, enfin tout ce qu'on doit monter du fond de la carriere; & l'on fe fert le moins qu'on peut de hotteurs pour tranf-porter l'ardoife au haut de la carriere. Ainfi feize hommes font occupés à fervir un engin; favoir, le toucheur, deux hommes qui chargent le bafficot au fond la carriere, & qui employent à cet ufage des crochets de fer emmanchés au bout d'un bâton de cinq pieds de longueur pour remuer & attirer la pierre & le bafficot, ainfi que des pelles ferrées pour charger les vuidanges; cinq autres Ouvriers placés fur les échafauds au haut de la carriere pour décharger les bafficots, & qui peuvent charger huit hommes des pierres apportées par l'engin. Ces derniers appellés *Hottiers*, tranf-portent dans des hottes, à une certaine diftance de la carriere, les uns les vuidanges, les autres la pierre ou bloc d'ardoife, fur les hottes plates ou *Hottes à quartier* que nous avons décrites: ils les portent aux atteliers des Ouvriers d'en-haut, aux Fendeurs & aux Tailleurs dont il nous refte à parler.

Quand le terrein eft uni, au lieu des hotteurs ou hottiers, on employe des chariots ou d'autres voitures pour tranfporter les blocs aux Ouvriers d'en-haut, ou pour fe débarraffer des vuidanges.

Les Ouvriers ne détachent les bafficots que quand ils veulent y fubfti-tuer des feaux pour employer les machines ou engins à enlever l'eau, au lieu des blocs d'ardoife. Si la quantité d'eau que fournit la carriere, occupoit beaucoup de ces machines à épuifer, alors on en feroit conftruire 10 ou 12, ou plus felon le befoin, & on les établiroit fur les deux chefs de la carriere.

Lorfque la perriere n'eft pas encore bien profonde, ces machines enlevent une grande quantité d'eau par jour; mais malheureufement, à mefure qu'on la fouille, l'eau devenant plus abondante, le tranfport en devient plus lent. J'ai obfervé qu'une pareille machine ne faifoit monter dans un quart d'heure, que trois feaux qui puiferoient l'eau à 100 pieds de profondeur. Or fi la carriere étoit fouillée à 200 pieds, la même machine ne pourroit donc donner qu'un feau & demi, c'eft-à-dire, moins d'un muid & demi par quart-d'heure, & la perriere fourniroit au moins une fois plus d'eau qu'elle n'en fourniffoit; auffi ne fe contente-t-on pas d'une feule machine; & on en établit quelquefois, comme nous venons de le dire, 6, 8 ou 12, felon que l'eau vient abondamment, & fuivant la largeur de la perriere. Mais quelques machines qu'on employe, on eft obligé d'aban-donner la perriere, lorfqu'on y a fait jufqu'à 20, 25, 28 ou 30 foncées, c'eft-à-dire, lorfqu'elle a environ de 270 pieds de profondeur ; & ce qu'il y a de fâcheux, c'eft le cas où l'ardoife fe trouve ordinairement la plus belle. Cet inconvénient n'eft cependant pas général dans toutes les carrieres ; il y en a que l'on ne ceffe de creufer, que parce que les feuls frais d'élever les blocs devenant trop confidérables, on eft contraint de les abandonner, ou par quelques accidents qu'on ne peut prévoir, tels que la chûte & l'éboulement de quelques parties de la carriere, &c.

Il eft vrai que dans les carrieres inondées par l'eau, on pourroit multiplier affez le nombre des engins pour venir à bout de l'épuifer ; mais on augmenteroit trop les dépenfes relativement au produit de l'ardoife : chaque engin coûte beaucoup à conftruire, & encore plus à entretenir. Quoiqu'il y ait au plus deux chevaux employés à en faire mouvoir un, cela engage à en nourrir plufieurs, parce que ces machines doivent toujours être en mouvement, & que le travail eft fi rude, que fi l'on veut conferver fes chevaux, de 24 heures du jour, on ne peut gueres faire travailler les mêmes que 2 ou 3 heures de fuite. Ceux qu'on employe, doivent être forts. Comme on leur bouche les yeux dans le temps qu'ils font tourner l'arbre, on pourroit dire que leurs yeux leurs font inutiles ; auffi on employe préférablement des chevaux borgnes ou aveugles : les derniers n'étant pas ordinairement d'un grand prix.

Un particulier d'Angers avoit imaginé affez ingénieufement d'employer des moulins à vent, en place des précédentes machines. Il prétendoit en retirer deux grands avantages : 1°, il eût épargné la nourriture des chevaux ; 2°, il pouvoit dans le même temps enlever des maffes d'eau beaucoup plus confidérables.

Pour remédier à l'obftacle qu'apportoit la difpofition des carrieres, qui font ordinairement entourées d'amas de *Vuidanges* affez hauts pour mettre le moulin à l'abri du vent, cette même perfonne avoit eu l'attention de donner un pied élevé à fon moulin ; mais ne s'étant pas trouvé en état d'achever fon entreprife, on ignore quel en eût été le fuccès. On peut conjecturer cependant que ce moulin eût été fujet à plufieurs inconvénients : le vent auroit pu manquer dans le temps où l'on auroit eu le plus de befoin de fon fecours pour enlever l'eau qui, pendant le calme, auroit rempli la carriere : on auroit pu à la vérité, fuppléer au vent en appliquant à ce moulin des chevaux de louage ; mais la machine alors feroit devenue trop difpendieufe & plus fujette à réparation, étant plus compliquée que celles dont on fe fert communément, & qui paroiffent être jufques ici les plus commodes qu'on ait trouvées.

Dans quelques carrieres, on employe, pour épuifer l'eau, les pompes ordinaires & les chapelets ; mais ces dernieres machines ont auffi leurs inconvénients : les pompes coûtent beaucoup de premiere conftruction, & font sujettes à un fréquent entretien ; d'ailleurs, quand le nombre des foncées augmente , & quand il faut aller chercher l'eau beaucoup plus bas, l'usage des pompes devient bien difficile ; au lieu qu'avec les engins que nous venons de décrire, il suffit d'alonger les cordes.

Lorsque la carriere est creusée & que les parois commencent à avoir de l'élévation, s'il se trouve des coupes à refaire, ou s'il faut retoucher à un travail qui auroit été négligé, on descend & on remonte un Ouvrier dans une espece de cage de bois appellée *Chaise*, dans laquelle il a la liberté de travailler. On se sert pour cela d'un cable & d'une chevre placée à côté de l'engin, & l'on descend l'Ouvrier muni des outils nécessaires pour le travail qu'il doit faire.

Quelquefois on est obligé d'abandonner certaines perrieres sans en être chassé par l'eau, & avant de l'avoir poussée à une grande profondeur, lorsqu'après avoir creusé on rencontre une veine de terre sous la veine d'ardoise qu'on a enlevée : c'est un malheur pour l'Entrepreneur de la perriere. Si lorsqu'après avoir sondé cette veine de terre, il juge qu'elle a trop d'épaisseur, il doit prudemment abandonner l'ouvrage , plutôt que de faire une grande dépense pour enlever cette terre inutile. Au reste, cet accident est un de ceux qu'il n'est pas possible de prévoir, & il est rare dans les carrieres d'Angers. On ne sait pas encore dans celles - ci jusques où il faudroit creuser pour trouver le fond d'une carriere ; mais la qualité de l'ardoise qui quelquefois dégénere , l'éboulement d'une partie de la perriere, l'eau qu'elle produit en trop grande abondance, & la dépense qui augmente à une certaine profondeur, obligent souvent de les abandonner.

Les Ouvriers sont quelquefois en partie cause de l'éboulement de quelqu'un des côtés de la perriere : ils s'y exposent lorsqu'ils ne donnent pas assez de talus à ces flancs, ou lorsque les engins n'ont pas été construits sur un chef assez solide & sur un mur bien bâti. Ils tombent alors eux-mêmes dans la perriere avec un fracas épouvantable, & leur chûte entraîne des masses de pierres considérables. Ces accidents, qui ne font que trop fréquents, occasionnent la ruine des Entrepreneurs, & quelquefois la perte de quelques Ouvriers.

Travail des Ouvriers d'en-haut appellés Fendeurs.

Nous avons vu comment on détache les blocs d'ardoise & comment on les transporte au haut de la carriere, soit par le moyen des hottes , soit avec le secours des engins ; il nous reste à expliquer comment de ces blocs d'ardoise on tire des feuillets de pierre, propres à couvrir les toîts des maisons. Ceci est l'ouvrage *des Ouvriers d'en-haut*, ainsi nommés par opposition aux Ouvriers qui travaillent dans la carriere , & qui sont appellés *Ouvriers d'en-bas*.

Aussi-tôt

Auſſi-tôt que les morceaux de pierre ſont parvenus au haut de la perriere, on les porte, ainſi qu'on l'a déja dit, à des Ouvriers placés en différents endroits autour de l'ouverture de la perriere. Ceux-ci nommés *Fendeurs*, fendent ou diviſent, en effet, l'ardoiſe en lames minces.

Le nombre de ces Ouvriers n'eſt point déterminé; & l'on comprend bien qu'il doit varier ſuivant le plus ou le moins d'étendue de la carriere qu'on exploite, ſuivant leur aſſiduité, & la promptitude avec laquelle ils travaillent, ou ſuivant la nature de la pierre. Si l'ardoiſe eſt aiſée à travailler, il faut moins d'Ouvriers d'en-haut, toute proportion gardée dans la quantité de bloc à fendre; au contraire elle en exige davantage, ſi la carriere n'eſt pas profonde & ſi l'ardoiſe ſe trouve dure & ingrate. Comme la difficulté de ce travail varie, les Ouvriers l'entreprennent ordinairement à leur tâche & au millier, dont le prix change ſuivant les marchés qu'ils font avec l'Entrepreneur, ou avec celui qui eſt à la tête du travail. Les Ouvriers d'en-haut ſont les ſeuls qui ſe fourniſſent d'outils.

Une carriere en valeur & d'une étendue un peu conſidérable, peut entretenir environ 100 Ouvriers d'en-haut de tout âge; car les enfants dès 7, 8, & 9 ans fendent l'ardoiſe; le pere retient dès le bas âge ſes enfants autour de lui, & ils lui rendent de petits ſervices; il les employe d'abord à retirer les parties ſéparées du côté des Fendeurs, & à les donner aux Tailleurs; il leur apprend auſſi, le plutôt qu'il peut, à fendre l'ardoiſe, & à la tailler; enſorte que dès l'âge de 10 ou 12 ans, ils ſont aſſez inſtruit pour pouvoir travailler pour leur compte.

Il eſt à propos de multiplier le nombre des Fendeurs & des Tailleurs; car on ſe rappellera que nous avons dit que la pierre doit conſerver une certaine humidité, entre toutes les parties qui la compoſent, pour permettre ſa diviſion en autant de feuilles qu'il eſt néceſſaire; & ſi ces travaux étoient différés trop long-temps, il ne ſeroit plus poſſible de la ſéparer. Les Ouvriers d'en-haut ont établi entr'eux certaines loix qui ne tendent pas toujours à la promptitude de l'ouvrage & à l'avantage de l'Entrepreneur; on peut même les regarder comme de vrais abus qu'il ſeroit difficile de corriger. Chaque Ouvrier d'en-haut s'arroge un rang ſuivant ſon ancienneté; & en conſéquence de ce rang il commence par exiger pluſieurs hottées de pierre; il prétend enſuite qu'il lui appartient autant de hottées de pierre qu'il a d'enfants mâles, même au berceau. Cette prétention & cette eſpece de loi qu'il n'eſt pas poſſible à l'Entrepreneur d'abolir, (autrement les Ouvriers abandonneroient l'ouvrage,) donne aux Ouvriers Fendeurs plus de travail qu'ils n'en peuvent faire. La pierre alors ſe deſſéche, & ils l'abandonnent ou font de mauvais ouvrage, l'ardoiſe reſtant plus épaiſſe qu'elle n'auroit dû l'être ſi elle avoit été fendue dans le temps convenable.

Les Fendeurs portent à leurs pieds des ſabots; ils ont leurs bas couverts d'une forte de guêtres faites de mauvais haillons coufus les uns fur les autres & en fi grand nombre que ces guêtres ont deux ou trois pouces d'épaiffeur. On verra que cet ajuftement tout groffier qu'il eft, convient trèsbien à leur efpece de travail.

Pour fendre le bloc d'ardoife que l'on a tiré de la carriere, voici comment s'y prend le Fendeur. Des Ouvriers (*Pl. IV. Fig.* 1.) ou des voitures apportent les blocs de pierre à fon attelier.

Le premier Ouvrier Fendeur (*Fig.* 2.) appuie le bloc tel qu'il arrive de la carriere contre fa cuiffe gauche : ce bloc n'a jamais, comme nous l'avons dit, une forme réguliere ; le Fendeur tient de fa main gauche un cifeau, & frappe avec un maillet de fa main droite, pour débiter ce bloc, & le divifer en plufieurs parties plus aifées à manier.

Un fecond Ouvrier (*Fig.* 3.), ou le même, quand ils ne font pas plufieurs à travailler enfemble, partage le bloc fuivant fa longueur. Quand il porte plus de longueur que n'en doit avoir une ardoife de grand échantillon, il le partage en faifant une petite rainure au bloc, & frappant avec le cifeau fur le plat du bloc : cela s'appelle *faire les repartons*.

Le même Ouvrier a encore le foin d'abattre le bifeau qui fe trouve ordinairement fur l'épaiffeur du bloc, pour en faciliter la divifion au Fendeur chargé de ce travail, afin qu'il puiffe aifément placer fon cifeau : cette opération fe nomme *faire la prife*.

Il s'agit enfuite de réduire les repartons à l'épaiffeur d'une ardoife. Les Ouvriers qu'on y employe, mettent les repartons entre leurs jambes (*Fig.* 4.), & les retiennent fermes entre leurs guêtres & leurs fabots ; ils prennent un cifeau, & commencent à divifer le bloc à la moitié de fon épaiffeur.

Ils divifent après cela chaque moitié, fe fervant d'un maillet pour faire entrer leurs cifeaux, & changeant de ces derniers outils à mefure qu'ils divifent des parties de pierre plus minces : mais les dernieres divifions fe font à la main fans le fecours du maillet ; l'Ouvrier promene fon cifeau entre les deux feuilles qu'il veut féparer, & finit de les partager quand il voit fon ardoife réduite à l'épaiffeur convenable.

La premiere divifion que l'on fait fur le bloc, quand il a été réduit en repartons, s'appelle *Contrefendis* ; la feconde & derniere divifion fe nomme *Fendis*. Quand le bloc qu'il faut divifer eft épais, on tire fouvent trois ou quatre *Contrefendis* & autant de *Fendis*, fuivant l'épaiffeur du bloc & la facilité qu'offre la pierre à être partagée.

Les cifeaux dont fe fervent ces Ouvriers Fendeurs, n'ont rien de bien particulier ; ce font des efpeces de coins de fer *CC*, čč, longs, étroits & plus ou moins minces : l'extrémité eft tranchante ; & depuis ce tranchant jufqu'à la partie qui lui fert de tête, le cifeau augmente d'épaiffeur. Le

Fendeur a près de lui quatre ou cinq ciseaux de différente épaisseur; le plus gros *C* a un pied & demie de long, une ligne & demie d'épaisseur un peu au-dessus de son tranchant; celui d'après *C* n'a qu'une ligne d'épaisseur dans le même endroit; sa longueur est de deux pieds & quelques pouces; ce sont les deux dont on se sert pour faire la prise & les repartons: le troisieme au-dessous a deux pieds, & demi-ligne d'épaisseur; les autres *c c c* un peu moins encore dans l'endroit où nous avons marqué celle des précédents.

Nous avons dit que chaque Fendeur n'avoit qu'un même maillet *D* pour frapper sur ces ciseaux plus ou moins épais, parce que la paume de sa main lui en sert pour les dernieres divisions. Le maillet a un manche qui est seulement assez long pour que l'Ouvrier puisse le tenir.

Comme le travail du Fendeur est pénible, parce que son attitude est d'être debout, le corps courbé, il quitte souvent cette occupation pour prendre celle du Tailleur qui le remplace, & qui fend lui-même à son tour.

D'ailleurs ce sont souvent de jeunes gens, même des enfants qui font les premieres divisions; & comme l'adresse que l'Ouvrier acquiert par l'habitude du travail leur manqueroit pour faire le *Fendis*, ils passent la pierre à diviser à un autre plus habile, qui se charge de la former.

L'ardoise se divise de la sorte en feuilles minces, parce qu'elle est composée d'une infinité de feuilles élémentaires extrêmement minces, & que c'est de la *juxtaposition* ou adhésion de ces feuilles, qu'un bloc est formé.

Ces feuilles longues & larges sont dans l'ardoise, ce que sont les fibres longues dans un morceau de bois; & c'est pour cela sans doute que l'ardoise ne sauroit être fendue que parallélement à ces feuilles.

Comme il se trouve quelquefois des nœuds dans le bois, il s'en rencontre aussi, quoique moins fréquemment, dans l'ardoise; ceux-ci arrêtent le ciseau du Fendeur, comme les autres arrêtent les coins dont on se sert pour fendre le bois. Quelques causes extraordinaires ont donné un différent arrangement aux parties élémentaires de l'ardoise: elles se sont trouvées gênées & plus comprimées dans ces endroits; il s'y en est amassé davantage; car ces nœuds, si on peut les nommer de la sorte, sont plus durs que le reste de l'ardoise, & forment des raies qu'on distingue aisément. Ce n'est pas le seul obstacle qui se présente au ciseau du Fendeur; quelquefois l'Ouvrier a de la peine à le conduire, parce qu'il rencontre dans l'ardoise des veines jaunâtres qui dérangent l'espece d'organisation de cette pierre; ces veines sont formées par une matiere minérale & pyriteuse qui se trouve ou étendue, ou crystalisée, suivant la forme qu'affecte l'espece de pyrite qui se rencontre dans l'ardoise dont nous parlons. Enfin il y a des veines d'ardoise où la disposition des fibres qui la composent ne fe reconnoît plus, & que le cifeau ne peut partager : on en trouve ou de petites parties dans les blocs d'ardoife, ou de groffes maffes dans les carrieres (*G* , *Pl. III.*) ; ce font des veines de pierre fort dure affez femblable au marbre, ou plutôt une forte de *quartz* : les Ouvriers appellent ces parties étrangeres, qui fe rencontrent dans l'ardoife, des *Chats*.

Quoique l'ardoife fe fende aifément, les deux morceaux dans lefquels elle a été divifée, n'ont que rarement la même longueur & la même largeur ; elle fe partage affez fouvent en deux parties fort inégales, comme il arrive à un morceau de bois qu'on fend ; & quand les morceaux n'ont plus qu'une certaine grandeur, fi l'on continuoit à les fendre, un de ceux qui viendroit d'une autre divifion, feroit trop petit pour être employé en ardoife propre à couvrir les bâtiments. On laiffe donc les morceaux plus épais pour en faire de l'ardoife plus épaiffe ; & les autres, on les rend les plus minces que l'on peut, comme nous l'avons expliqué plus haut.

Des Ouvriers d'en-haut appellés Tailleurs.

Quand le bloc eft partagé en parties auffi épaiffes que l'ardoife qu'on en doit former, il ne refte plus qu'à les tailler, & c'eft la derniere façon qu'on ne tarde gueres à leur donner. Auprès d'un Fendeur il y a un Tailleur : le premier donne au fecond une feuille d'ardoife à mefure qu'il l'a divifée. Le Tailleur d'ardoife (*Pl. IV. Fig. 5.*) eft affis à terre, ayant fes jambes étendues. Pour fe mettre à l'abri des injures de l'air, il eft fous un petit appentis, ou une efpece de toît qu'il nomme *Tue-vent*, & qu'il change de place à fon gré. Ce toît eft formé d'une claie (*K* , *L*,) haute de 6 à 7 pieds, & large environ de trois, faite comme les claies ordinaires, à cela près qu'elle eft compofée de branches de genêt, arbriffeau fort commun dans le pays ; un des bouts de la claie eft appuyé fur la terre, de façon que la furface de cette claie forme avec elle un angle aigu (*L K M*) ; deux bâtons *H* , *G*, dont une des extrémités fe termine en pointe, & l'autre par une petite fourche, retiennent la claie dans une certaine inclinaifon. La pointe des bâtons eft un peu enfoncée en terre, & les fourches de ces bâtons portent le bâton horizontal, qui termine le bout fupérieur de la claie *I* , *I*. L'Ouvrier fe place fous cette claie lorfqu'il eft incommodé du vent ; il a grand foin de la tourner de façon qu'elle l'en mette à couvert. Elle fert auffi à le défendre de la pluie & des grandes ardeurs du foleil ; c'eft même là fon principal objet ; elle doit empêcher la pierre de fe deffécher trop promptement : c'eft ce qui engage les Fendeurs à fe mettre auffi le plus qu'ils peuvent fous des abris conftruits de la même façon.

Chaque Tailleur a entre fes jambes un billot de bois *R* , *Q*, haut d'un pied & demi ou environ, dont la bafe eft de 12 ou 13 pouces de diametre, &

il a une pareille groffeur jufqu'à peu-près les trois quarts de fa hauteur ; le refte de ce billot n'eft qu'une portion de cylindre, ou de rouleau, dont on a coupé une partie par un plan parallele à fon axe ; de façon qu'aux trois quarts de fa hauteur la coupe *P P* formeroit une furface plane ; & celle fupérieure une portion de cercle *O R* plus grande qu'un demi-cercle. On nomme ce billot un *Chaput*, & voici quel eft fon ufage. L'Ouvrier prend de la main gauche le morceau d'ardoife qu'il veut tailler, il le pofe horizontalement fur le chaput, de telle forte que la partie qu'il en veut retrancher déborde par de-là l'endroit de ce chaput qui eft coupé en ligne droite ; alors il abat avec un outil de fer tout ce qui déborde le bord du chaput. Ce dernier outil *T, V* eft nommé *Doleau* : c'eft un morceau de fer *X* de 15 pouces de longueur, & qui en a deux & demi de largeur ; fon épaiffeur eft d'environ trois lignes dans toute fa longueur ; il eft tranchant d'un côté, & ce tranchant eft fait en bifeau fimple ; je veux dire qu'il n'y a qu'une des faces du doleau fur laquelle il y ait un bifeau. Sur le côté de cet outil oppofé à fon tranchant, environ au tiers de fa longueur, il y a une petite partie perpendiculaire à ce côté qui a à peu-près trois pouces de faillie ; dans cette partie il y a un trou, & c'eft dans ce trou qu'on fait entrer le manche de l'outil *Y*, d'où il eft clair que fon manche eft parallele à fon tranchant ; il eft tourné vers le bout du doleau le plus proche de la partie *T* qui le foutient.

Le Tailleur tient avec la main droite le manche de cet outil ; il en donne deux ou trois coups fur la partie de l'ardoife qui furpaffe le bord du billot qui eft en ligne droite : chaque fois que le doleau tombe fur l'ardoife, il détache net la partie *z z*, *& &* qu'il frappe ; de forte qu'en deux ou trois coups, fouvent même du premier quand l'Ouvrier eft habile, un côté de ce morceau d'ardoife eft coupé & taillé : c'eft ce que l'Ou-vrier appelle *rondir*.

Comme la figure que les Tailleurs donnent à l'ardoife eft circonfcrite par des lignes droites, il n'eft queftion que de la couper ainfi fur tous fes différents côtés ; & c'eft ordinairement de cinq ou de quatre côtés (1, 2) qu'ils la taillent. Toute l'ardoife, excepté la *Quarrée*, (que nous ferons connoître) fe coupe à cinq côtés (1) ; on fait deux de fes côtés égaux parallèles & perpendiculaires à un troifieme qui leur eft à-peu-près égal ; cette partie fe nomme le *pied de l'ardoife*, & les Couvreurs la nomment *Pureau*. Les deux autres côtés qui fe rencontrent en formant un angle aigu, font plus petits que les précédents ; ils fe nomment la *tête de l'ardoife*. Les autres efpeces d'ardoifes fe taillent quarrées ou rectangles.

Des efpeces d'Ardoifes qui entrent dans le Commerce.

On diftingue les ardoifes par différents noms qui marquent leur épaiffeur

ARDOISE.   I

& leur grandeur. La plus mince de toutes eſt nommée *Quarrée-fine*; on n'en fait preſque point à Angers de cette premiere dimenſion : celle qui eſt un peu plus épaiſſe que la précédente, à laquelle on donne la même figure & la même grandeur, ſe nomme *Quarrée-forte*, ou ſeulement *Quarrée* ; la troiſieme eſpece ſe nomme *Poil-gros-noir*; & la quatrieme, *Poil-taché*. Ce ſont principalement les eſpeces d'ardoiſes appellées *Quarrée-forte*, & *Poil-gros-noir*, qu'on tranſporte d'Angers dans les pays éloignés.

L'ardoiſe *Poil-taché*, dont nous avons déja parlé en indiquant ce qui la conſtitue, reſte pour la conſommation des environs d'Angers; elle eſt moins belle, mais quelquefois preſque auſſi bonne. Nous avons dit que cette ardoiſe eſt celle que l'on tire de la ſuperficie d'un bloc, & qui eſt formée par les délits qui les ſéparent dans la carriere; ainſi elle n'eſt ſouvent tachée que d'un côté, & ſe trouve dans les foncées même les plus profondes; ce défaut ne nuit qu'à ſa beauté, non à ſa qualité. On donne auſſi le nom de *tachée* à l'ardoiſe ſur laquelle ſe trouvent des parties métalliques ou minérales : les métaux qui peuvent ſe décompoſer à l'air, entraînent la deſtruction & la perte de l'ardoiſe; auſſi cette eſpece doit-elle ſe vendre à bien meilleur compte. On donne encore quelquefois improprement le nom de *Poil-taché* à l'ardoiſe qui, quoique de grande dimenſion, n'a pu ſe réduire à l'épaiſſeur qu'elle devroit avoir, c'eſt-à-dire, à celle qui n'eſt pas aſſez mince pour ſa grandeur.

L'ardoiſe *Poil-roux* ne ſort pas non plus du pays : elle eſt moins belle, plus peſante, & coûteroit davantage à tranſporter; d'ailleurs elle chargeroit trop les bâtiments.

Nous avons déja dit que l'ardoiſe *poil-roux* étoit formée des premieres foncées, qui ſouvent donnoient des blocs difficiles à ſéparer. L'ardoiſe qu'elles fourniſſent eſt groſſiere; ſon grain eſt mêlé, raboteux, peu ſonore, & cette ardoiſe ſe trouve tachée ſur ſes deux ſurfaces : celle-ci ſe vend à vil prix aux gens de la campagne; & il arrive aſſez fréquemment qu'elle ſe décompoſe à l'air, outre qu'elle charge beaucoup les charpentes ſur leſquelles on l'attache.

Le Tailleur voit aiſément ſi une ardoiſe eſt propre à faire une ardoiſe quarrée ou une ardoiſe *poil-gros-noir*; ou ſi, comme défectueuſe, elle doit être miſe au nombre du poil-taché : à meſure qu'il en taille de l'une ou l'autre de ces eſpeces, il les entaſſe ſéparément.

L'ardoiſe quarrée-forte ne differe du poil-gros-noir que par les dimenſions qui ſont moindres dans l'une que dans l'autre. Le Tailleur les prend ſouvent dans le même bloc; mais lorſqu'il ſe rencontre dans la pierre quelque défaut qui l'empêche de lui laiſſer les dimenſions de la quarrée-forte, il la taille toujours ſuivant celle de la feuille, ſans s'aſſujettir à lui donner une forme réguliere; ſouvent c'eſt un quarré oblong, plus ou moins long, qui se termine en pointe par le haut, & alors il le met dans le rang du *gros-noir*; ainsi les dimensions de cette ardoise varient.

Comme ce *gros-noir* fait moins de toises de couverture par millier que la *quarrée-forte*, il se vend aussi moins cher.

On fabrique encore à Angers des ardoises qui portent d'autres noms; mais ces dernieres sont presque toutes de moindre qualité, ou sont si peu en usage qu'à peine sont-elles connues. Quelques-uns de ces noms sont attribués aux dimensions de l'ardoise, d'autres à sa forme, d'autres indiquent plutôt sa couleur & ses défauts que ses dimensions.

Dans ce nombre sont la *Quartelette*, dont il est encore quelquefois fait mention : elle a moins de dimensions que la quarrée; elle ne couvre que deux toises & demie par millier.

L'*Héridelle* qui est alongée, & porte peu de largeur : elle pourroit servir pour la couverture des clochers, des tourelles & des dômes : elle se fait, comme les suivantes, du déchet des ardoises quarrée-forte & gros-noir; elle couvre environ deux toises par millier ; elle sort peu de la Ville d'Angers & des environs, où on l'employe à former les noues, les revers, & les autres parties des couvertures que l'on est à Paris dans l'usage de construire en plomb; quand on les fait en ardoises, il s'en trouve toujours assez de brisées dans les voitures pour être destinées à cet emploi.

La *Cofine* est une ardoise convexe qui sert aux couvertures des dômes : il est assez difficile de trouver dans les blocs, des formes propres à fabriquer cette espece d'ardoise; aussi est-elle plus chere que la quarrée.

Les dimensions de deux especes d'ardoises ont été déterminées par l'Ordonnance sur la *Moison* des ardoises, & confirmées par un Arrêt du Parlement du 5 Août 1669. Par l'article de cette Ordonnance il est arrêté que l'on ne fabriquera des ardoises pour la consommation de la Ville de Paris, & l'entretien des Maisons du Roi, que de deux qualités : l'une appellée *Quarrée-forte*, qui aura 10 à 11 pouces de longueur sur 6 à 7 de largeur & 2 lignes d'épaisseur ; l'autre nommée *Quarrée-fine*, qui aura 12 à 13 pouces de longueur sur 7 à 8 pouces de largeur, & une ligne d'épaisseur, de quartier fort, fin & sonnant. Ces deux sortes d'ardoises sont taxées par ce même Arrêt; la quarrée-forte à 22 livres; la quarrée-fine à 21 livres; & il est ordonné qu'elles seront séparées dans le Bateau & dans le Magasin. Les Entrepreneurs des perrieres représenterent dans le temps que ce Réglement feroit un tort considérable à leur commerce.

1°, En fixant seulement à deux sortes les especes d'ardoises qu'ils pourroient fabriquer & envoyer.

2°, Qu'outre la quarrée-forte & la quarrée-fine, on seroit obligé d'en admettre une troisieme espece qu'on appelleroit *Quartelette*; comme étant plus convenable par fa forme moins réguliere, à couvrir les dômes, les clochers & les tourelles.

3°, Que l'épaiſſeur attribuée à la quarrée-forte convenoit plutôt à la quarrée-fine, & celle de cette derniere à la quarrée-forte ; parce que plus une ardoiſe eſt grande, plus elle demande d'épaiſſeur pour qu'elle ne ſe caſſe pas. Ils ajoutoient que la quarrée-forte, avec les dimenſions preſcrites par l'Arrêt, n'eſt, pour ainſi dire, pas praticable ; qu'elle ſeroit trop épaiſſe à deux lignes, & qu'une ligne lui ſuffiſoit.

4°, Qu'avant ce Réglement, cette ardoiſe avoit un pouce & demi de plus de largeur & de longueur ; ce qui faiſoit qu'elle couvroit une toiſe & demie de plus par millier ; & que depuis l'Arrêt, il y avoit une perte évidente pour le Public, qui étoit content des premieres dimenſions.

5°, Que le prix ſeul de la voiture de la quarrée-forte de deux lignes d'épaiſſeur monteroit à trente livres, tandis que l'Arrêt n'en taxoit le prix du millier qu'à 22 livres.

6°, Enfin qu'il n'y avoit aucune proportion de n'avoir taxé la quarrée-forte qu'à 20 ſols plus cher que la fine ; puiſqu'elle eſt une fois plus épaiſſe, plus peſante, qu'elle coûte plus de façon, & beaucoup plus de voiture.

Ces repréſentations ne firent point changer le Réglement ; au contraire il fut confirmé par une nouvelle Ordonnance rédigée en 1672. Depuis on n'a point changé l'Ordonnance ; mais comme on a vu l'impoſſibilité de la ſuivre dans tous ſes points, on a été contraint de ne pas tenir la main à ſon entiere exécution.

L'ouvrier en taillant la quarrée-forte lui donne bien les dimenſions en longueur & en largeur preſcrites par l'Ordonnance ; mais il lui eſt impoſſible de la réduire à deux lignes d'épaiſſeur, comme il eſt preſcrit : certaines pierres d'ardoiſes permettroient bien de lui en donner encore une moindre ; mais le plus grand nombre, moins aiſées à ſéparer, ne s'y prêteroient pas.

La quarrée-forte qui porte les dimenſions fixées par l'Ordonnance, garnit 4 toiſes de couverture par millier, en lui donnant trois pouces & demi de pureau : on l'attache à Paris avec deux clous ; elle dure fort longtemps ſans qu'on ſoit obligé de la réparer, à moins que des ouragans ou quelques autres accidents imprévus n'en précipitent la ruine. Chaque ardoiſe quarrée-forte, l'une dans l'autre, peſe environ une livre.

Toutes les ardoiſes qui ont été taillées par divers Ouvriers, s'arrangent en divers tas. Un Ouvrier qui a la confiance de l'Entrepreneur, eſt chargé de faire des tas particuliers de chaque eſpece d'ardoiſe appartenante à chaque Ouvrier, ou à pluſieurs, quand ils travaillent par bandes ; on l'appelle le *Compteur :* chaque tas ne contient que de l'ardoiſe d'une même

eſpece ;

efpece ; l'un ne fera fait que de quarrée fine (8 , 9 , 10 ,) l'autre de quarrée forte (13 , 14) ; dans ces tas , chaque ardoife eft placée prefque perpendiculairement à la furface de la terre , la plûpart fur leur longueur ; mais de centaine en centaine , il y a une de ces ardoifes que l'on tire un peu des rangs (13 , 10) , & fur la rangée fupérieure ou fur la derniere , (car on en arrange ainfi plufieurs rangées les unes fur les autres) on en met une debout , ou on la pofe fur un de fes petits côtés (8 , 14) : cette difpofition donne la facilité de compter dans un inftant ce que contient chaque tas. Le Compteur met encore fur une de ces ardoifes le nom de l'Ouvrier qui les a livrées , pour qu'ils fe rendent compte entr'eux ; il ne refte plus qu'à compter ces tas , & les payer à l'Ouvrier : l'Entrepreneur les fait enfuite tranfporter à leur deftination.

A Angers , les Entrepreneurs ont la commodité des rivieres de Mayenne & de Loire , qui leur font d'un grand fecours pour le commerce de leurs ardoifes , jufques dans les Provinces fort éloignées ; ils les font conduire au port dans des voitures *E* (*Pl. III.*) , attelées de 4 ou 6 bœufs ; ces voitures contiennent trois milliers ou trois milliers & demi d'ardoifes : finon ils les chargent à dos de cheval ; chaque cheval porte de chaque côté de fon bât une efpece de châffis de bois *H*, qu'ils nomment *Panier à ardoifes* ou *à pierre à bâtir*, fuivant qu'il eft deftiné au tranfport de l'une ou l'autre de ces matieres ; quand il porte des ardoifes , on met un fond à ce panier : un cheval peut porter ainfi trois à quatre cents d'ardoifes.

Outre les formes dont nous avons parlé , l'on en donne encore d'autres aux ardoifes : nous n'en ferons point de méntion ici , parce qu'elles les tiennent du Couvreur. On arrondit quelquefois une des extrémités , & l'on nomme cette taille *en écailles* (21 , 22) , parce qu'elle reffemble aux écailles de poiffon ; ces fortes d'ardoifes fervent à couvrir les dômes.

Enfin on fait avec la pierre d'ardoife différents ouvrages , comme l'on en fait avec de plus belles pierres : elle prend un beau poli ; & alors elle eft propre à faire des tombes , des tables , des carreaux d'appartements ; on en peut voir communément en forme de tableaux (23) *dans les cabinets des Géometres*, qui s'en fervent pour tracer deffus avec de la pierre blanche des figures de Mathématiques dont on détruit facilement les traits en les effuyant avec un linge , quand on veut y en fubftituer de nouvelles.

Les ardoifes de Gênes font réputées les plus dures & les meilleures pour former les tables dont nous parlons. J'en ai vu travailler de fort belles à Angers : & quoiqu'il ne foit pas abfolument commun de détacher , dans certaines carrieres , des blocs dont on puiffe tirer des tables de 4 , 6 , & jufqu'à 9 & 12 pieds de dimenfion ; cependant il s'y trouve des carrieres d'où l'on en pourroit tirer encore de plus grandes.

J'ai promis d'ajouter ici la defcription des carrieres de la Champagne ,

ARDOISE.   K

pour indiquer quelques différences effentielles qui fe trouvent entre le travail de celles-ci & celui des carrieres d'Angers dont on vient de lire la defcription, différences dûes feulement à la pofition de ces pierres dans les carrieres de ces différentes Provinces.

Defcription de quelques Carrieres de la Champagne, & de la Bretagne.

LES ardoifes n'offrent pas dans toutes les carrieres un arrangement qui fuive une direction conftante. Nous avons vu que les pierres d'ardoife à Angers font prefque perpendiculaires à l'horizon ; on peut revoir ce que nous en avons dit en traitant de leur pofition : il n'en eft pas de même, comme nous en avons averti pour lors, de beaucoup d'autres carrieres, dont plufieurs ont leurs feuillets beaucoup moins inclinés, ou même prefque horizontaux. Celles des environs de Mezieres en Champagne font inclinées fuivant un angle d'environ 30 degrés ; en conféquence, pour féparer les blocs, au lieu de placer les coins perpendiculairement comme à celles d'Angers, il faut les pofer fuivant la direction de l'ardoife, & les placer de côté, fous l'angle que nous venons de citer ; autrement on briferoit les blocs, & l'on ne pourroit les enlever fuivant leurs délits, ni les conferver d'échantillon à donner de belles ardoifes.

Toutes les ardoifieres de Mezieres, & même les pierres communes de ce canton & des environs, confervent à peu-près cette même inclinaifon : prefque toutes les carrieres d'ardoife font dirigées du Nord au Sud, & la partie la plus élevée de la carriere regarde le Nord.

Les Ouvriers, pour faire comprendre la direction & l'inclinaifon des ardoifieres, difent que le haut eft tourné à onze heures & demie : ils entendent par-là que la carriere ne regarde pas directement le midi, mais qu'elle eft dirigée un peu obliquement du Midi à l'Orient.

Les bancs d'une carriere ainfi inclinés, s'étendent jufqu'à une affez grande profondeur en terre. En 1760, dans une des carrieres de Rimogne, que nous prendrons ici pour exemple, comme une des plus remarquables de cette contrée, on eft parvenu à creufer jufqu'à 80 toifes au-deffous du niveau du terrein : les Ouvriers du pays eftiment cette profondeur de 12 à 1500 pieds.

On defcend dans cette carriere par des échelles de 20 à 30 pieds de hauteur chacune : à l'extrémité de chaque échelle fe trouve un repos, fouvent même des galleries affez étendues, formées par le vuide des pierres qu'on a retirées, & par les bancs que l'on a laiffés : ces galleries communiquent encore à d'autres où l'on defcend avec des échelles ; & c'eft ainfi qu'au moyen de 34 ou 35 échelles, l'on parvient de l'une à l'autre jufqu'au fond de la carriere que l'on fouille actuellement.

Nous avons dit que les carrieres dont la masse étoit considérable, lorsqu'elle s'étendoit fort loin en terre, & à une grande profondeur, étoient réputées fournir l'ardoise de meilleure qualité que celle d'une carriere qui se perdroit presqu'aussi-tôt qu'elle seroit ouverte ; c'est par cette raison, & parce qu'il en coûte beaucoup pour former la premiere ouverture d'une carriere, qu'on est engagé à suivre le plus long-temps qu'on peut celle qui est déja en travail : on prétend qu'aux environs de Charleville, on tire de l'ardoise à trois cents pieds plus bas que la Meuse qui en est éloignée de trois ou quatre lieues.

L'ardoise a toujours acquis de la beauté à mesure qu'on a creusé la carriere de Rimogne, dont nous parlons ; mais les Ouvriers croyent qu'au-dessous du banc qu'ils travaillent, il se trouve une mauvaise couche ou une veine de terre jaune, ou grise, entre les bancs d'ardoises ; & ils conjecturent que cette terre, qu'ils nomment *Craffe*, s'y trouvera en assez grande quantité pour les contraindre d'abandonner la carriere, d'autant que les frais, outre ceux qu'il faudroit employer pour déblayer cette terre, sont déja très-considérables, seulement pour enlever l'ardoise depuis que la carriere est devenue si profonde.

Une partie du travail de cette carriere est le même que celui des carrieres d'Angers. On n'a point construit à celle de Rimogne de machines d'épuisement ; parce que, quoique celle-ci soit parvenue à cette grande profondeur où l'eau oblige presque toujours d'abandonner les carrieres, il ne s'y trouve cependant qu'un petit filet d'eau, qu'une simple pompe à bras, mue par des hommes pendant quatre à cinq heures par jour, suffit pour son épuisement. Cette pompe, de 20 à 25 pieds de hauteur, apporte l'eau à une seconde ; cette seconde la conduit à une troisieme, & ainsi jusqu'à ce que l'eau soit parvenue à la superficie du terrein, d'où elle s'écoule & va se perdre dans les terres.

Voici en quoi l'inclinaison des carrieres de Rimogne fait que leur travail differe de celui des carrieres d'Angers.

Dans celles de Rimogne, les Ouvriers sont obligés de pratiquer toujours une nouvelle tranchée, pour tirer de nouveaux blocs du banc d'ardoise, & ils mettent leurs coins d'un côté du bloc, ou de la *planche d'ardoise* qu'ils veulent enlever, suivant la direction de l'ardoisiere ; au lieu que dans celles d'Angers, les Ouvriers placent leurs coins perpendiculairement, & rejettent toujours les blocs, tant qu'ils travaillent une foncée, dans la premiere tranchée que l'on a faite pour retirer la premiere ardoise. Dans les carrieres de Rimogne les Ouvriers frappent leurs coins avec une masse, & se servent d'une pioche pour pratiquer leurs tranchées.

La carriere de Rimogne n'est pas entiérement découverte, comme la plûpart de celles d'Angers : dans cette premiere, les Ouvriers travaillent en partie fous terre. Pour s'éclairer dans ces fouterreins, ils fe fervent d'une efpece de flambeau compofé fouvent d'écorce de bois féchée & enduite de réfine : ils le nomment *Perluau*.

Comme dans celle de Rimogne on n'a conftruit aucune machine, les blocs d'ardoife fe tranfportent fur les épaules jufqu'au haut de la carriere ; ce font les jeunes Ouvriers, que l'on emploie à ce tranfport, comme plus en état de foutenir le travail auffi rude. Quelquefois on voit une file de douze Ouvriers portant chacun fur une épaule un ou deux blocs qu'ils affurent d'une main , tandis que de l'autre ils fe retiennent aux bâtons de l'échelle fur laquelle ils montent : ils fe relayent de gallerie en gal-lerie jufqu'au haut de la carriere.

Voici une autre maniere de creufer les carrieres de ce même pays. Les Ouvriers carriers commencent par pratiquer un puits très-profond ; ils le creu-fent jufqu'à la derniere foncée de la perriere dont ils comptent pouvoir tra-vailler l'ardoife. Tout ce qu'ils retirent de ce puits, eft regardé comme inu-tile, & eft mis au nombre de ce qu'on appelle vuidanges ; ils connoiffent par la fouille de ce puits la nature des différentes couches d'ardoifes qui compo-fent la perriere. Pour retirer les blocs de cette ardoifiere, ils commencent à travailler le fond du puits ; ils font une excavation pour pénétrer dans la carriere, & la fouillent, en faifant tomber à leurs pieds les blocs qu'ils déta-chent au deffus de leur tête ; ces blocs font montés par une machine ou engin que l'on conftruit au deffus du puits, & font portés aux Fendeurs & aux Tailleurs. On eft fouvent obligé de pratiquer plufieurs de ces ouver-tures ou puits, fur-tout quand la carriere fournit affez d'eau pour exiger des épuifements.

Cette maniere de tirer l'ardoife procure, comme on voit, la premiere ardoife de meilleure qualité que la derniere, puifque l'on commence à travailler celle qui fe trouve au fond de la carriere ; mais cette méthode eft fujette à bien des inconvénients.

Les Carriers rifquent fouvent d'être écrafés par la chûte de quelques blocs qui fe détachent : cet accident arrive quand ils n'ont pas la précau-tion de foutenir, par des piliers qu'ils doivent laiffer de diftance en diftan-ce, chaque banc de la carriere. Outre cela des blocs qu'on enleve par le fecours des machines, peuvent s'échapper, &, en tombant, écrafer les Ou-vriers qui font fouvent obligés de refter au fond du puits pour le fer-vice de la perriere. Enfin comme les frais de la fouille des puits font confidérables, on fait moins d'ufage de cette pratique que de celles dont nous avons déja donné les détails.

Les ardoifieres des environs de Mezieres fe trouvent fouvent gâtées par une efpece de pyrites qui y font affez communes ; les Ouvriers les appellent des *Dés*, parce que leur forme eft cubique : elles fe trouvent le plus
fouvent

fouvent près de la terre dans les premieres couches d'ardoife ; quand elles fe rencontrent au milieu d'un bon lit, ce qui arrive plus rarement, elles empêchent la divifion de l'ardoife. Cette pyrite eft de forme cubique affez reguliere, très-brillante, & d'un beau poli ; elle eft fort dure, & donne des étincelles lorfqu'elle eft frappée avec l'acier; elle brûle, & rend fur le feu une odeur fulfureufe ; elle colore l'eau, contient du foufre, de l'arfenic & quelque portion de cuivre.

Les Fendeurs à Rimogne ne fe fervent pas, comme à Angers, du même cifeau pour divifer les blocs, & en tirer des feuilles minces, de l'épaif- feur qu'ils veulent donner à leurs ardoifes. Ils employent un inftrument de fer (*a a, Pl. IV.*) emmanché par un bout, dont la lame eft mince, cou- pante d'un côté feulement, ayant un dos peu épais de l'autre, & le nom- ment auffi *Cifeau.* L'Ouvrier étant debout tient, comme à Angers, entre fes jambes le bloc qu'il veut divifer ; il place fon cifeau à l'endroit qu'il veut partager, & l'infinuant dans la pierre d'ardoife, il appuye fur fes deux extrémités, & le conduit jufqu'au bas du bloc qu'il fépare ainfi en feuilles auffi minces qu'il le veut.

Le Tailleur de Rimogne differe auffi un peu dans fon travail de celui d'Angers : au lieu de fe fervir, pour tailler l'ardoife, du billot de bois échancré qui s'y nomme *Chapu,* il fe fert d'une enclume de fer qu'il pofe devant lui, & taille à-peu-près la feuille d'ardoife qu'il pofe deffus, les Couvreurs la taillent fur les toîts, en fe fervant, comme en Anjou, du même outil à tailler appellé *Doleau.*

Le Tailleur, ici comme à Angers, juge, au fimple coup d'œil, des dimenfions qu'il doit donner à fon ardoife, & ménage, autant qu'il eft poffible, fa feuille pour en faire des ardoifes de grand échantillon. On dit qu'un bon Ouvrier taille dans fa journée depuis feize jufqu'à dix-huit cents ardoifes.

Nous n'avons pas pu fpécifier combien un Ouvrier pouvoit en tailler à Angers, parce que, comme nous l'avons dit, les Ouvriers y répartiffent l'ouvrage entr'eux, en forte qu'alternativement ils fendent & taillent ; mais on eftime que le plus habile n'en pourroit faire que 5 à 600.

L'échantillon des ardoifes de Rimogne eft de 6 à 7 pouces de largeur, & de 10 pouces ou un pied de longueur.

Le Propriétaire, ou l'Entrepreneur de la carriere, paye aux Ouvriers le millier depuis 3 liv. 10 fols jufqu'à 4 liv. 10 fols, pour le tirage des blocs, & les frais de les monter, de les fendre & de les tailler ; il fe charge feulement de l'entretien des échelles & des frais de l'épuifement. On vend fur le lieu les ardoifes 8 à 10 liv. le millier ; ce qui fait, comme on voit, un profit confidérable pour le Maître d'une carriere, lorfqu'il a du débit.

A Angers, la dépenfe de l'exploitation eft plus confidérable, en ce que le Propriétaire se charge non-seulement des frais de l'épuisement, mais encore de la fourniture des ustensiles, & fait monter à ses frais les déblais, les vuidanges, & même les blocs à former l'ardoise.

On tire aussi de l'ardoise, comme nous l'avons dit, dans différents endroits de l'Anjou & dans plusieurs contrées de la Bretagne; mais les travaux de presque toutes ces carrieres sont peu considérables. Elles procureroient sans doute une ardoise de meilleure qualité, & peut-être aussi bonne que celle d'Angers, si les Ouvriers fouilloient davantage leurs perrieres, & s'ils ne s'arrêtoient pas, comme ils le font maintenant, à un travail presque superficiel; ils imaginent cependant qu'il leur seroit impossible, tel soin qu'ils y apportassent, de réduire cette ardoise en feuilles assez minces, quoique le grain en soit beau, & que la qualité de la pierre m'ait paru à peu-près la même. Comme ces cantons ont moins de débouché, les Ouvriers ne cherchent point à augmenter les frais de l'exploitation, dont ils ne seroient pas sûrs de retirer l'intérêt, tandis qu'ils sont certains d'un gain assuré en se défaisant de leurs ardoises dans le pays, où ils la vendent à très-bon compte. Quoique le travail de ces carrieres soit, comme nous l'avons dit, très-peu considérable, nous avons cru devoir en donner une idée. Je prends pour exemple une carriere de Moisdon, petit canton situé à dix lieues de Nantes, où j'ai vu travailler de l'ardoise, & où cette pierre est tout autrement inclinée que celle d'Angers.

Le schiste, ou la pierre d'ardoise, est fort commune dans cette partie de la Bretagne, & l'on y voit souvent des roches de cette pierre à la superficie de la terre. Dans d'autres parties de cette Province, après avoir enlevé quelques pouces de terre, cette espece de pierre devient apparente. C'est dans cet endroit de la Bretagne, que l'on voit quantité de fouilles peu profondes d'où l'on a tiré de la pierre d'ardoise. Un simple coup d'œil suffit pour faire reconnoître la direction des différentes feuilles qui la composent; elles sont placées presque horizontalement dans les carrieres, de façon que les feuilles d'ardoise sont inclinées à l'horizon, sous un angle de peu de degrés; la partie la plus haute regarde le Nord, & la plus basse est tournée vers le Sud.

On est dans l'usage, en Bretagne, d'enclorre les héritages; & dans la partie de cette Province où l'ardoise est commune, on y destine de longues dalles de pierre d'ardoise, que l'on place à côté les unes des autres; on les enterre de quelques pouces, & on les y pose sur leur champ. La pierre d'ardoise que l'on expose ainsi en chantier, y est vendue à très-bon compte : une pierre de 3, 4 à 5 pieds de longueur, s'y vend 1, 2 à 3 sols. La plus grande partie des carrieres d'où l'on a tiré ces pierres, n'ont été creusées que de six à huit pieds de profondeur.

Quelques autres carrieres dont on veut tirer de la pierre propre à former de l'ardoife, font cependant plus profondes : voici comment on s'y prend pour les travailler. On fait une ouverture quarrée (1), & large feulement de 18 à 20 pieds ; après avoir enlevé la terre qui recouvre le banc d'ardoife, on ôte quelques couches de pierre dont les feuilles font dirigées prefque horizontalement ; comme les premieres foncées ne font pas propres à fournir de bonnes ardoifes, on entame peu dans la carriere. Les Ouvriers, pour retirer chaque bloc le long des parois ou murs de la perriere, font obligés de couper le bloc le long de la carriere, en formant leurs tranchées : ils rentrent peu dans la carriere pour tirer les premieres pierres, parce que comme elles ne font pas propres à fournir de bonnes feuilles d'ardoife, ils préferent de les abandonner dans la carriere ; mais à mefure qu'ils avancent l'ouvrage, ils coupent le bloc de façon que leurs tranchées rentrent dans la carriere. Ils la taillent en voûte, de maniere qu'elle devient plus large, quand les Ouvriers parviennent à tirer une pierre de meilleure qualité, & qui peut être partagée en feuilles minces, propres à couvrir les maifons. Dans ces carrieres, les Ouvriers font obligés de confulter l'inclinaifon du bloc : comme la pierre eft prefque horizontale, ils font des trous (6) fur le côté de cette pierre dans la partie la plus élevée, & c'eft ordinairement fur celle qui regarde le Nord.

Ils placent à différentes diftances leurs coins dans les trous, ou ils y introduifent de grands leviers de fer (5, 5) fur lefquels plufieurs hommes appuient en même temps : c'eft ainfi qu'ils parviennent à détacher les blocs fuivant les délits que les Ouvriers ont cherché à reconnoître avant d'y placer leurs leviers.

Les carrieres n'ont fouvent pas été creufées de 30 à 40 pieds, que l'eau fourcille des parois des blocs en affez grande quantité ; alors les Ouvriers ont foin de creufer un puits (7) dans la partie la plus baffe de la carriere où l'eau va fe rendre. Comme ils ne fe propofent point de conduire les carrieres jufqu'à une profondeur confidérable, ils n'y conftruifent pas de machines d'épuifement ; ils ne fe fervent, pour élever l'eau, que de plufieurs bafcules ou traits (14) dont ils entourent l'ouverture de la carriere : ces bafcules ne different de celles d'Angers, dont nous avons donné la defcription, qu'en ce que leur levier eft beaucoup plus long : il y en a qui ont jufqu'à 30 pieds.

Les Ouvriers creufent ces carrieres fans y mettre beaucoup d'ordre : leurs ouvertures faites, ils ne s'occupent qu'à tirer la pierre d'une partie de la perriere ; celle-là une fois tirée, ils la rempliffent avec des vuidanges ou fragments inutiles (10) ; ils travaillent enfuite un autre côté de la perriere, jufqu'à ce qu'ils foient parvenus à la même profondeur.

Les outils & le refte du travail de la carriere font à peu-près les mêmes qu'à Angers ; les Ouvriers enlevent fur leurs épaules les blocs (11, 11), qu'ils nomment *Planches*, & ils montent chargés ainsi par des échelles, souvent de 30 pieds de longueur, avec une adresse extraordinaire ; cette pierre est portée, de même qu'à Angers, aux Fendeurs & aux Tailleurs qui sont au haut de la carriere, & le plus près de son ouverture qu'il leur est possible.

Il seroit trop long de citer ici tous les pays où l'on trouve l'espece de schiste avec lequel on peut faire de l'ardoise. Si l'on veut connoître les endroits d'une partie de l'Europe, où l'on rencontre cette espece de pierre, on peut consulter la carte qu'en a donnée M. Guéttard (Mémoires de l'Acad. année 1746).

Les environs d'Angers, tout le pays d'Anjou, & une grande partie de la Bretagne, en procurent beaucoup.

On en voit du côté de Rédon & de Brest, dans une partie de la Bretagne ; dans l'élection de Château-Gontier, à Charleville, à Murat, à Prunet en Auvergne, &c.

Celles d'Angers & des environs passent à Paris pour être de meilleure qualité : ce sont les seules qu'on y apporte, sans doute, parce que les autres endroits qui pourroient en fournir, manquent des mêmes débouchés. Celles de Mezieres ont à Paris la réputation de se casser & de s'éclater facilement.

Les ardoises à Angers se vendent au cent ou au millier, pour la quarrée fine & la quarrée forte ; toutes les autres qualités d'ardoises inférieures à celles-ci se vendent à la fourniture qui est de 21 milliers. On ajoute pour la quarrée fine & la quarrée forte, les 4 au cent pour les cassées : outre cela, pour celles qui sont inférieures en qualité, on donne ordinairement sur vingt milliers un mille en sus ; mais ce dernier millier est de convention avec le vendeur.

Il y a ordinairement à Angers sept ou huit carrieres ouvertes ; mais rarement sont-elles toutes en exploitation ; car il faut bien du travail & de la dépense avant d'en tirer du profit. Une carriere en valeur peut fournir par semaine environ cent milliers d'ardoises d'especes différentes ; & si elles étoient toutes à la fois en valeur, on pouroit y fabriquer par an environ vingt-cinq à trente millions d'ardoises de différente qualité & de différents échantillons.

Remarques particulieres sur la Pierre d'Ardoise, & les caracteres qui lui sont propres.

Nous avons promis de donner en particulier les caracteres propres à l'ardoise, & si nous n'en avons rien dit en traitant des moyens employés à la tirer, à la fendre & à la tailler, c'est que nous ne voulions pas interrompre la description que nous donnions de ces procédés.

Les sentiments des Naturalistes sont très-partagés sur la nature, la composition & les propriétés de l'ardoise. La classe dans laquelle elle doit être

rangée,

rangée, & le genre qui convient le mieux à cette pierre, laiffent fur-tout beaucoup d'incertitude, dûe probablement aux changements que l'ardoife éprouve quand elle fe trouve jointe avec plus ou moins de différentes fubftances qui la dénaturent.

Doit-on, comme le fait Vallerius, mettre l'efpece de fchifte qu'on nomme *Ardoife* dans la claffe des pierres vitrifiables? Il eft vrai que prefque toutes éclatent & pétillent au feu; qu'elles fe caffent, fe bourfoufflent & fe fondent expofées au fourneau de fufion, fans l'addition d'aucuns fondants; mais il s'en trouve qui expofées au feu le plus violent, y fouffrent fi peu de changement, qu'elles femblent plutôt exiger d'être rangées parmi les pierres qu'on a coutume d'appeller *Réfractaires* ou de difficile fufion. On fe fert même de quelques-unes de cette derniere efpece pour en conftruire des fourneaux deftinés à réfifter au plus grand feu.

S'arrêteroit-on, pour lui fixer un genre, au caractere de ne point fermenter avec les acides? Il eft affez général aux ardoifes; cependant depuis celle qui ne fait aucun mouvement avec eux, il s'en trouve que les acides attaquent vivement.

Les ardoifes fe divifent ordinairement par feuilles, & les meilleures font celles qui fe partagent le plus aifément: mais ce n'eft pas un caractere qui foit propre aux ardoifes feules; les *talcs*, les *micas*, &c. ont la même propriété, qui fe rencontre auffi dans d'autres pierres calcaires.

La dureté de l'ardoife n'eft pas non plus une marque certaine pour la reconnoître: elle varie fuivant les efpeces. Ordinairement l'ardoife eft caffante: elle reçoit l'empreinte du trait qu'une pointe de fer lui imprime; elle ne fait point feu avec l'acier; & quoiqu'ordinairement affez tendre, elle eft fonore: mais quelquefois elle fe réduit en poudre fous les doigts; & alors cette efpece eft la moins propre à fervir de couverture aux bâtiments.

La couleur des ardoifes change auffi fuivant les lieux qui la produifent: celles qui font d'un gris tirant fur le bleu, font réputées ordinairement être de meilleure qualité; nous nous fervons de la dénomination de cette couleur pour faire connoître celle de plufieurs autres corps: on fait cependant ufage d'autres ardoifes qui s'éloignent beaucoup de cette couleur, qui peut être regardée comme la plus générale pour cette efpece de pierre. L'ardoife tirée d'un lieu profond eft toujours la plus noire: expofée à l'air, elle change un peu de couleur; celle qu'elle avoit au fortir de la carriere, s'éclaircit & devient moins foncée.

L'ardoife renferme fouvent des fubftances très-différentes; & celles dans lefquelles il s'en trouve le plus font les moins bonnes & les plus difficiles à travailler.

On y trouve fouvent des pyrites qui varient beaucoup dans leur cryftallifation. Les ardoifes d'Angers en contiennent de fort irrégulieres. Il s'y rencontre auffi des figures qui ont la forme de poiffons, mais pas affez caractérifées pour affurer qu'elles doivent leur origine à quelques-uns de ces animaux. On y voit encóre des herborifations dues à une eau ferrugineufe qui s'eft dépofée entre les feuilles de l'ardoife & s'y eft déffechée; enfin, on y trouve une félénite formée en rayons, & difperfée fur l'ardoife en forme d'étoiles: mais on y obferve rarement des impreffions de plantes.

Quelques autres ardoifes contiennent des métaux; de l'or, de l'argent. Lehmann rapporte qu'il fe trouve quelquefois dans l'ardoife de l'argent en petites feuilles, ou en filets auffi fins que des cheveux; que l'on trouve auffi fous cette forme du cuivre natif dans les carrieres de Bottendorff. Le cuivre s'y rencontre fouvent fi divifé que l'œil ne peut le diftinguer.

On retire beaucoup d'alun d'une ardoife bleuâtre fort commune en Angleterre. L'ardoife renferme quelquefois une efpece de terre qui contient beaucoup de celle qui eft analogue à la bafe de l'alun. En ajoutant à ces efpeces d'ardoifes de l'acide vitriolique, je me fuis procuré de l'alun dont la quantité varioit fuivant que la bafe de ce fel neutre s'y trouvoit en plus ou en moindre quantité: cette efpece faifoit une très-légere effervefcence avec les acides, & étoit de difficile fufion.

Généralement les ardoifes qui contiennent le plus de ces fubftances étrangeres, font les moins propres pour l'ufage auquel on les deftine: ordinairement celles qui contiennent du vitriol & du foufre fleuriffent à l'air, s'y décompofent: celles-ci font de la plus mauvaife qualité.

On trouve encore des ardoifes qui contiennent des parties graffes & huileufes, fouvent même affez de pétrole & de bitume pour s'enflammer fur les charbons. Quand ces fubftances s'y trouvent en affez grande quantité, on les emploie pour le chauffage (*); mais celles-là tiennent plus des propriétés du charbon de terre que de celles du fchifte.

La premiere foncée d'ardoife n'eft, comme nous l'avons dit, jamais d'auffi bonne qualité que l'ardoife que l'on trouve au-deffous de celle-là; le grain en eft plus gros: cette premiere couche eft chargée ordinairement de petites paillettes de micas, de parties fulfureufes, & eft affez femblable pour l'ordinaire à une efpece de fchifte dont on ne fait aucun ufage, qui recouvre & entoure les filons de mines de charbon de terre. C'eft dans cette efpece de fchifte que l'on rencontre plus fréquemment des impreffions de fougeres, de capillaires, de fcolopendre, &c, femblables à ces mêmes efpeces de plantes obfervées dans les Ifles chaudes d'Amérique; des *Rubiacées*, des feuilles, des fruits & des graines d'autres plantes du même

---

(*) Le mot *Ardoife* ne devroit-il pas fon nom à la propriété que quelques efpeces de ces pierres ont de brûler aifément, *ab ardendo*?

climat, que différents Auteurs ont fait connoître, & dont ils ont donné la figure dans leurs Ouvrages. Voyez l'*Herbarium diluvianum*; les Transſ. Phil. les Mém. de l'Académie, années 1718, 1747, &c.

L'ardoiſe qui ſe trouve à l'ouverture de la carriere, de même que celle qui recouvre les mines de charbon de terre, eſt preſque toujours très-tendre, peu ſonore, point caſſante, moins liée; elle contient une partie inflammable en plus ou moins d'abondance; elle devient blanche ſur les charbons quand on la calcine à un feu nud, & elle conſerve ſa couleur noire quand on l'expoſe au feu dans des vaiſſeaux fermés; elle ne ſe vitrifie qu'à un feu violent.

Quelques Auteurs prétendent avoir vu des arbres changés en ardoiſes: on dit qu'il eſt très-commun de trouver des lits de charbon de terre ſous le carrieres d'ardoiſe d'Allemagne. Quelquefois dans les perrieres d'Anjou, on trouve des veines ou des filons qui tiennent le milieu entre l'ardoiſe & le charbon de terre.

Par la diſtillation on retire des ardoiſes, de même que du ſuccin & du charbon de terre, un ſel acide volatil & huileux.

Ces obſervations ne donneroient-elles pas quelques idées ſur la formation des Ardoiſieres & des mines de charbon de terre, puiſque nous voyons que certaines ardoiſes approchent beaucoup de ce minéral, qu'elles donnent par l'examen chymique les mêmes produits, & que les mines de charbon de terre ſont recouvertes d'une couche d'une eſpece de ſchiſte? J'avoue qu'il faudroit plus d'obſervations encore que je n'en ai faites pour oſer former un ſyſtême ſuivi ſur la formation de l'ardoiſe; ainſi je me bornerai à expoſer les ſentiments de quelques Naturaliſtes ſur l'origine de ce minéral, & je m'abſtiendrai d'expoſer mon ſentiment particulier ſur ce ſujet.

D'après les faits que nous venons de citer, Boot a cru que l'ardoiſe pourroit avoir été formée par des étangs & marais poiſſonneux comblés par une vaſe durcie, dans laquelle on retrouve les plantes & les poiſſons qui y ont péri; ſentiment qui ſouffriroit des difficultés dans ſon explication par l'arrangement des différentes ſubſtances qui forment les Ardoiſieres, lequel ne ſe trouve pas conforme à leur nature & à leur peſanteur; à moins que pour rendre ce ſentiment probable, l'on n'y ſupplée, en ayant égard aux changements qu'a dû éprouver ce dépôt par le mouvement des eaux qui l'ont amené.

Langius regarde auſſi les carrieres d'ardoiſe, comme formées par un dépôt de terre ou de pierre détruite.

Neumann croit que l'ardoiſe eſt un compoſé de terre végétale & d'argille durcie; Bromel & Linnæus la rangent dans la claſſe des pierres calcaires; Cramer & Vallerius la croient vitrifiable; enfin M. Pott n'adhere à aucun de ces fentiments, parce que, dans les expériences qu'il a faites fur les pierres, il a vu des ardoifes qui tenoient plus ou moins des propriétés reconnues pour appartenir à l'une ou à l'autre de ces deux claffes.

Ne devroit-on pas cependant s'attacher aux caracteres les plus communs, pour fixer un genre aux ardoifes, & féparer de celles-là celles qui s'en éloigneroient, en leur affignant un autre nom?

Les caracteres les plus communs du fchifte ou de l'ardoife, dont on fait ufage, étant, comme nous le difons, de fe féparer en feuilles minces; de peu ou point fermenter avec les acides, de pétiller fur le feu & de s'y vitrifier; le fchifte reffemble affez, par quelques-unes des propriétés que nous venons de citer, à l'argille, qui fe vitrifie ordinairement au feu, quoiqu'il s'en trouve de réfractaire. L'argille pétille le plus communément, & fe fend avant d'entrer en fufion; elle ne fait que peu ou point d'effervefcence avec les acides. L'ardoife feroit-elle une argille durcie? De nouvelles expériences pourroient fans doute jetter plus de lumieres fur cette partie de la Minéralogie.

Je ferois entré dans un plus grand détail fur la nature & les propriétés de la pierre d'ardoife, examinée avec le fecours de la Chymie, fi cela étoit néceffaire pour completter l'Art que nous donnons aujourd'hui; mais j'ai cru que ce que j'en difois fuffifoit pour faire connoître les caracteres propres à l'efpece de fchifte dont il eft ici queftion.

Remarques fur l'Ardoife, & fur quelques defauts qui lui font affez communs.

Nous avons parlé de plufieurs défauts communs à l'ardoife, & qui lui ont fait donner différents noms, *Poil-roux*, *Poil-taché*, *&c.* En voici encore d'autres, dont peu d'Auteurs me paroiffent avoir fait mention, quoiqu'ils foient affez communs à quelques efpeces d'ardoifes.

Certaines ardoifes fe chargent beaucoup plus promptement que d'autres d'une efpece de lichen ou de mouffe. C'eft un fait que le temps vérifie tous les jours, & qui dépend probablement d'un fecond défaut propre à l'ardoife fur laquelle on rencontre le plus fouvent cette mouffe; nous en parlerons dans un moment. La mouffe ou le lichen, conferve une humidité fur l'ardoife; elle y amaffe une pouffiere & une terre qui contribuent à précipiter fa pourriture; ce qui doit être confidéré comme une perte pour le Propriétaire, outre le défagrément du coup d'œil qu'offre l'ardoife ainfi chargée de lichen.

Quelques ardoifes imbibent l'eau; & l'humidité qu'elles reçoivent par les pluies & les neiges, les pénetrent affez pour fe communiquer à la latte & à la voliche fur lefquelles elles font attachées; ces ardoifes pourriffent & entraînent par-là la ruine de la charpente qu'elles auroient dû conferver.

Cette

Cette mauvaise qualité dans l'ardoise, & celle qui produit la mousse, dépendent, je crois, d'une même cause ; & les pierres qui auront ce défaut, seront probablement celles qui entretiendront plus d'humidité, & qui par-là donneront à la mousse l'aliment qui lui convient le mieux : ainsi les moyens de reconnoître l'un de ces défauts, serviront pour se précautionner contre l'autre.

Peu d'Auteurs ont indiqué les moyens de reconnoître ces défauts propres à l'ardoise : voici en abrégé ceux que propose Samuel Collepress, & qui se trouvent dans le quatrieme volume des Transactions Philosophiques, année 1669, publiées par M. Oldenburg, no. 50, art. 3 ; & dans la Collect. Acad. T. IV. pag. 10.

Les ardoises reçoivent & gardent d'autant plus d'humidité, qu'elles sont plus poreuses ; ainsi celles qui seront les moins dures, les moins pesantes, seront plus sujettes à ce défaut que les autres : aussi M. Samuël Collepress conseille-t-il à soumettre les ardoises à cette premiere épreuve, avant d'en faire l'acquisition.

Il veut que l'on frappe sur l'ardoise pour juger de sa dureté, par le son qu'elle rend : celle qui étant frappée donne un son clair & sonore, dénotera plus de solidité, & doit par conséquent être préférée.

Le son moins net dans l'ardoise, indique quelques parties étrangeres qui arrêtent le mouvement d'ondulation propre à celles de cette pierre ; aussi l'ardoise à poil-roux n'est-elle presque point sonore.

Celle qui se cassera, dit M. Collepress, qui se coupera net & facilement, sera encore la meilleure. Le toucher pourra même en partie faire connoître la qualité de l'ardoise : si on la trouve douce, grasse & comme onctueuse, elle doit être d'un tissu plus lâche que celle qui sera rude sous les doigts ; & cette derniere mérite par conséquent la préférence. Mais voici encore d'autres épreuves auxquelles M. Collepress invite de soumettre l'ardoise avant de l'acheter.

Il veut que l'on pese exactement une certaine quantité d'ardoises seches ; qu'on les mette tremper dans l'eau pendant quelque temps, & qu'après les avoir retirées & laissé égoutter, on les pese de nouveau. Si le poids de ces ardoises est beaucoup augmenté, c'est une preuve qu'elles ne sont pas bonnes, & qu'elles ne dureront pas long-temps sans faire pourrir les lattes & le bardeau sur lesquels elles seront attachées. Cette épreuve que l'Auteur croit être décisive, me paroît trop forte pour les ardoises qui servent communément de couverture. Car ici un seul côté de la pierre est exposé à la pluie ; au lieu que dans l'épreuve, on la met tremper totalement dans l'eau : je suis persuadé que la meilleure ardoise, surtout celle nouvellement tirée, recouverte ainsi d'eau pendant quelque temps, s'en chargeroit affez confidérablement ; ainfi je crois qu'on pourroit faire cet effai, autrement, mais d'une façon auffi fimple.

Il n'y auroit qu'à creufer une feuille d'ardoife, jufqu'à ce que la partie de la pierre, qui feroit le fond de la cavité, reftât de l'épaiffeur d'une ardoife ordinaire : on rempliroit d'eau cette cavité qu'on auroit formée ; & fi l'eau traverfoit l'Ardoife ce feroit une preuve de fa porofité.

On pourroit encore, fi l'on n'eft pas dans un lieu où l'on puiffe avoir une pierre d'ardoife plus épaiffe qu'une ardoife ordinaire, pour faire la précédente épreuve, garnir une feuille d'ardoife d'un rebord de cire, de glaife, ou de toute autre matiere que l'eau ne diffoud pas aifément ; & après avoir mis cette feuille dans une fituation horizontale, couvrir d'eau fa furface fupérieure ; fi au bout de quelques heures, ou d'une journée, l'eau n'avoit pas traverfée la feuille, ce feroit la preuve d'une denfité qui fuffiroit, je crois, pour garantir la latte fur laquelle on la poferoit.

M. Collepreff enfeigne d'autres moyens de s'affurer de la porofité de l'ardoife : il confeille de la plonger perpendiculairement dans un vafe rempli d'eau, de façon qu'une partie de l'ardoife déborde, & qu'il n'y ait pas affez d'eau pour recouvrir entiérement cette ardoife : fi au bout de quelque temps l'on examine cette ardoife, & qu'on ne la trouve pas beaucoup mouillée au-deffus de la furface de l'eau, la pierre fera jugée de bonne qualité ; au lieu quelle fera d'autant moins à préférer, que la furface au-deffus de l'eau fe trouvera plus imbibée, parce qu'alors elle fera d'un tiffu plus lâche & plus fpongieux.

M. Collepreff ajoute encore des preuves de la qualité de l'ardoife, tirées de fa couleur & de fon poli. Il veut que les ardoifes d'un bleu-clair foient moins fujettes à s'imbiber d'eau, que celles qui font d'un bleu-obfcur ou foncé, & que ces dernieres foient toujours moins folides & de moindre durée.

Le poli provenant de fa dureté, peut fervir de caractere affez jufte pour juger de fa qualité : la couleur bleu-obfcure ou mêlée, eft auffi une marque affez conftante d'une mauvaife ardoife. Le bleu-clair, dont parle M. Collepreff, peut être affez général aux bonnes ardoifes d'Angleterre ; mais la couleur des nôtres varie beaucoup, quoiqu'elles foient également bonnes : les plus noires font cependant affez généralement les meilleures.

Entre les chofes qui reftent encore à fouhaiter à ceux qui entreprennent le travail & le commerce de l'ardoife, il leur manque, à ce qu'il nous a paru, des indices certains pour connoître le terrein qu'ils doivent fouiller, & qui contient de bonne ardoife : il leur faudroit des moyens plus commodes pour l'exploitation ; ceux qu'ils employent pour puifer l'eau, peuvent ac-quérir quelques perfections. Ne pourroit-on pas encore trouver des moyens plus expéditifs pour fendre & pour tailler la pierre, & fe fervir de machines, qui épargneroient des fommes confidérables en main-d'œuvre ? Ne devroit-on pas laiffer tremper dans des réfervoirs d'eau les blocs d'ardoife pour avoir autant & plus de facilité à les fendre, lorfqu'il y a long-temps qu'ils ont été tirés de la carriere ? Enfin les Entrepreneurs defireroient qu'on tînt la main à l'exécution des Réglements donnés pour contenir les Ouvriers d'en-haut, qui leur font fans-ceffe la loi. Ils ont en leur faveur un Arrêt du 2 Janvier 1749, regiftré au Parlement, qui n'eft pas fuivi. Ce font-là à peu-près les parties qui nous ont paru plus fufceptibles de perfection dans l'art de tirer, de fendre & de tailler l'ardoife, & les moyens qui peuvent, ce femble, contribuer à favorifer cet efpece de commerce utile à la fociété.

EXPLICATION DES FIGURES.

PLANCHE I.

LA VIGNETTE de la Planche I repréfente une carriere d'ardoife ouverte & en œuvre : on la fuppofe coupée pour que l'on puiffe voir les Ouvriers dans l'action de leur travail.

38, 38, 38, eft un des côtés de la carriere ou perriere. Le haut du deffein repréfente le niveau du terrein ; 26, 27 & 28, forment le fecond côté de la carriere ; 1, 9, 12, le troifieme côté ; le quatrieme n'a pas été repréfenté fur le deffein, pour qu'on pût voir la carriere ouverte.

35, 36, 37, marquent le fond de la carriere où l'on travaille à retirer des blocs d'ardoife.

1, 2, 3, 4, 5, &c, jufqu'à 13, repréfentent une quantité de blocs pofés les uns fur les autres, & que l'on a déja tirés de la carriere, ou, en termes de l'Art, *les foncées.*

On laiffe ainfi pendant un temps des gradins à chaque foncée pour qu'en appuyant une échelle de l'un fur l'autre, les Ouvriers, par le moyen de plufieurs échelles ainfi difpofées, puiffent monter & defcendre facilement ; mais comme les gradins, quand on a enlevé plufieurs foncées, diminueroient beaucoup le fond de la perriere, fouvent on les ôte. Quand la foncée inférieure eft parvenue au gradin fupérieur, on enleve ce dernier. Dans le deffein, on a repréfenté les gradins ôtés depuis la premiere jufqu'à la neuvieme foncée, & on les a laiffé fubfifter depuis le dixieme jufqu'au treizieme.

Sur un des côtés de cette perriere, on a ôté tous les gradins, & on a laiffé des *confolles* & des *banquettes* 26, 27, 28, pour parvenir avec de grandes échelles au haut de la carriere.

20, 21, tranchée que les Ouvriers forment pour commencer une foncée, & en détacher les blocs d'ardoife : c'eft en continuant ainfi le même

travail, que les Ouvriers parviennent à vuider la carriere, en enlevant de nouveaux blocs qui ont différentes hauteurs, mais qui ne peuvent pas avoir plus
que les neuf pieds que l'on donne à la tranchée : les Ouvriers formeront
dans cette carriere que l'on a deffinée, la quatorzieme foncée.

15, 15, Ouvriers qui enfoncent des coins ou *quilles*, & qui les mettent
dans les *disjoints* ou délits qui féparent les blocs. Pour travailler à les abattre, les Ouvriers cherchent à reconnoître ces disjoints. On nomme cette
opération, *faire le chemin* ou *enferrer*.

Les coins ou quilles étant ainfi enfoncés, les Ouvriers 14, 14, 14, 14,
frappent deffus pour les faire entrer, & détacher les blocs d'ardoife.
Quand le bloc, par fon disjoint, a de grandes dimenfions, & qu'on veut l'a-
battre tout entier, on employe un plus grand nombre de coins, & auffi
un plus grand nombre d'Ouvriers pour les enfoncer. Chaque Ouvrier a fon
coin, & ils s'entendent pour frapper tous en même temps : leurs mouvements
doivent s'accorder pour que tous ne faffent qu'un même coup.

16, 17, Quand les blocs font abattus, rarement tous ont-ils la hauteur
de la foncée ; il s'en trouve dont les disjoints ont produit leur féparation
de la maffe, vers le milieu ou les trois quarts de la foncée. On diftribue pour
lors des Ouvriers qui vont, avec les pics & les pointes, abattre les blocs qui
font reftés, ce qu'on appelle *ranger les écots*. Quand les blocs portent d'affez grandes dimenfions pour en former de l'ardoife, on les abat avec des
coins qu'on nomme *Alignoirs*, ou avec les quilles ; finon on les rompt en petites parcelles avec les pointes, & ces fragments font partie des vuidanges.

20, 21, Dès qu'une foncée eft établie, & qu'on a formé la tranchée qui
doit la commencer, on pratique aux extrémités de cette tranchée, une
cuve ou un réfervoir, où l'eau de toute la tranchée doit fe rendre.

Pour former cette cuve, & puifer l'eau qui s'y ramaffe dans le temps qu'on
la creufe, on fe fert d'une bafcule 18, qui tranfporte l'eau dans le puits 32,
d'où elle eft élevée par le moyen des machines 31, 31, 31.

38, 38, 38, Maçonnerie qui commence au niveau du terrein, & même
un peu plus haut, & fe termine à la carriere d'ardoife : ces murs fervent à
foutenir les machines dont on fe fert pour élever l'eau & pour enlever les
blocs d'ardoife & les vuidanges au haut de la perriere. Nous verrons dans
la Planche II. les détails de ces machines ou engins, ainfi que de la bafcule.

On voit, à différentes diftances de ce mur, des pieces de bois 38, 38,
retenues par des tirants ou clefs de fer qui entrent dans le mur, & lui donnent de la folidité.

32, Puits où fe raffemble l'eau d'une partie de la carriere. On augmente
le nombre de ces puits, & on emploie plus ou moins de machines d'épuifement, fuivant que la carriere fournit plus ou moins d'eau.

25, Quand les machines 31 ne fervent pas à l'épuifement, on les
emploie

emploie à tirer les blocs d'ardoise & les vuidanges ou parties inutiles, & à les élever au haut de la carriere.

L'Ouvrier 25, attire, à l'aide d'un crochet, la caisse ou bassicot le long du tas de pierres 23, d'où l'Ouvrier les prend pour en emplir ce bassicot.

24, Ouvrier-hottier qui porte les blocs ou les vuidanges à l'Ouvrier 23, qui doit en charger le bassicot.

29, Caisse ou coffre aux outils, fermant à clef: & les Ouvriers y renferment tous les soirs leurs outils, pour qu'ils ne risquent pas d'être dérobés.

22, Ouvriers qui forment des tas des fragments ou vuidanges, pour en charger d'autres Ouvriers qui doivent les approcher du chef de la carriere où sont placés les engins, & où descendra le bassicot.

30, Ancienne fouille que l'on trouve souvent dans certains terreins des environs d'Angers : on peut regarder ces carrieres comme les premieres d'où l'on a tiré de l'ardoise ; elles sont peu profondes, & n'annoncent qu'un travail presque superficiel & fort imparfait.

33, Forge nécessaire pour réparer les outils ; 34, retraite pour les Ouvriers : l'on se sert aussi de ce réduit pour y réparer les machines, bassicots, seaux, &c ; & l'on nomme cet endroit la *Vetille*.

Le bas de la Planche rend quelques parties de la vignette plus en grand & plus détaillées.

O M, M O, représente une foncée plus en grand : *MO*, fait voir les délits des blocs où l'Ouvrier place les coins ou quilles *N,N,N,N.*

A, Cuve pratiquée aux extrémités de la foncée.

C, C, C, C, différentes rigolles par lesquelles l'eau vient se rendre à la cuve *A*.

I E LH, Partie d'une foncée représentée en hauteur & de profil pour faire appercevoir la pente de la carriere d'ardoise, & la direction des blocs, ainsi que des feuillets d'ardoise qui les composent. Ces feuillets sont presque perpendiculaires à l'horizon ; leur inclinaison n'est que de 20 pouces sur 9 pieds ; ainsi sur chaque foncée de *G* en *H*, il y a 20 pouces, comme de *F* en *E*. On voit, par cette figure, que d'un côté de la foncée *L H*, le bloc qu'on abattra, doit tendre à tomber dans la foncée ; au lieu que de l'autre côté de la foncée *I E*, la base du bloc est dans la foncée, & la tête *I* s'éloigne de la perpendiculaire. Tous ces blocs sont formés de plusieurs feuillets paralleles les uns aux autres, & par conséquent presque perpendiculaires à l'horizon.

P, Echelle qui sert pour monter d'une foncée à une autre, ou d'une consolle à l'autre banquette : elles sont faites de pieces de bois équarries qui ont depuis 12 pieds jusqu'à 30 : à Angers, les échelons sont faits de bois de houx, qui est très-commun dans le pays.

ARDOISE.   O

T, Outil deftiné à former la tranchée qui commence une foncée : on le nomme *pointe* ; *V*, fon manche qui eft très-foible, gros fimplement comme le doigt. La tête du marteau *X* fait, par fa partie la plus pointue, un angle obtus avec fon manche, à l'aide du coin *Y* qu'on nomme à Angers *Langrais*.

R, Pic ou fecond marteau dont on fe fert pour frapper fur les coins de fer appellés *Alignoirs*, ou fur ceux qui étant plus grands font appellés *Quilles*: ces marteaux ne different du premier *T* que par leur longueur & leur pefanteur.

S, Marteau tout-à-fait femblable à celui que nous venons de décrire, excepté qu'il eft un peu moins pefant : on le nomme *Pic moyen*.

f, Coin ou quille de fer qui fert à abattre les blocs : on en place ainfi plufieurs fuivant la ligne tracée & indiquée par les disjoints ; quand une quille eft entrée fuffifamment, on en met une feconde, & enfuite une troifieme derriere, pour faire partir le bloc.

g, Quand le bloc eft du côté de la carriere où fon inclinaifon ne le porte pas à tomber dans la foncée, on fe fert, pour l'abattre, d'un cifeau de fer grand de lame & de manche *g*.

h, On emploie encore une pince ou barre de fer qu'on nomme *Levre*, dont on fait un levier, auquel on attache une corde que plufieurs hommes tirent.

i, Crochet dont on fe fert pour tirer les blocs les uns de deffus les autres.

k, On emploie encore au même ufage un double crochet de fer qu'on nomme à Angers *Tranche*.

b, Pelle dont on fe fert pour mettre en tas les vuidanges, & les tirer de la foncée : on la garnit vers les bords d'une plaque de tôle, ou d'un fer plat ; cette ferrure eft retenue fur la pelle par plufieurs clous rivés.

a, *&*, *χ*, Coins de fer, dont on fe fert pour abattre les parties des blocs qui reftent à la foncée ; on fe fert de coins plus ou moins grands, fuivant les parties des blocs & la grandeur de ceux qu'il faut abattre : les plus grands *χ* fe nomment *Fers* ; les feconds *&*, *Fers moyens* ; les derniers *a*, *Alignoirs*.

e, Grande hotte deftinée à porter les vuidanges.

d, Petite hotte, dont le doffier eft plus grand que celui de la premiere : celle-ci fert à porter les blocs, & à les approcher des engins. Le doffier eft plus grand pour faciliter l'arrangement des blocs, & divifer la pefanteur.

c, Cette derniere hotte eft renverfée pour faire voir les attaches dans lefquelles l'Ouvrier paffe les bras ou les *bretelles*.

PLANCHE II.

La premiere Vignette repréfente une des machines deftinées à élever l'eau, les blocs & les vuidanges, du fond des ardoifieres.

Toute la machine eſt ſoutenue par deux poutres qui ſont arrêtées par une de leurs extrémités dans le mur, ou un des chefs de la carriere ; l'autre extrémité ſaille ſur la carriere. Dans le deſſein, on ne peut voir qu'une de ces poutres *A X*, où elle eſt repréſentée dans toute ſa longueur : ces poutres ſont retenues par des arcboutants *B*.

Sur ces poutres s'élevent quatre montants *E, E, G, G*, aſſemblés avec les chevrons *H L, H L*, qui répondent ſur la traverſe *L L* ; cette traverſe eſt ſoutenue par deux potences *L M, L M*, bien arcboutées par en bas.

O Q, Arbre vertical & tournant, dont l'extrémité ſupérieure entre dans la traverſe *L L*, & l'autre porte ſur une crapaudine *O*.

R, S, Tambour ſur lequel ſe roulent les cordes *P S, P R*, dont l'une s'enveloppe ſur le tambour, tandis que l'autre ſe déroule.

P, P, Poulies ſur leſquelles paſſent les cordes.

Y, Baſſicot ou caiſſe que l'on remplit de blocs d'ardoiſe, ou de vuidanges. L'une des cordes *P R*, qui eſt roulée ſur le tambour, a élevé le baſſicot dans lequel l'Ouvrier *z* prend les blocs d'ardoiſe, & en charge un autre Ouvrier, qui va les porter à l'endroit deſtiné à les fendre & à les tailler.

L'Ouvrier qui doit décharger le baſſicot, ne fait que l'attirer à lui, ſans le décrocher ; il le fait paſſer ſur un chaſſis de bois qui ferme la *lumiere* ou l'ouverture du puits : on le nomme *Décharge* ; il eſt repréſenté (*Pl. III.*) en *A B, C D*. Le baſſicot étant monté, l'Ouvrier pouſſe au deſſous une de ces traverſes. Il ôte un des côtés du baſſicot, le nettoye, & ne le détache de la corde, que lorſqu'il veut lui ſubſtituer un ſeau propre à monter de l'eau, au lieu de blocs ou de fragments d'ardoiſe.

Quand en place d'un baſſicot, comme on l'a ici repréſenté, la machine doit élever de l'eau, on ſubſtitue un ſeau, comme nous venons de le dire ; ce ſeau plein d'eau monte juſqu'aux crochets 1, 2, où il s'arrête ; le crochet le retient par un rebord de fer circulaire qui ſurmonte ſon ouverture. Le cheval marchant toujours, le ſeau eſt obligé, après avoir fait la baſcule, de ſe vuider & de ſe renverſer dans l'auge *C C* ; & de-là l'eau s'écoule par la conduite *X* pour s'aller perdre dans les terres.

La ſeconde Vignette repréſente une ſeconde machine deſtinée aux mêmes uſages que celle que nous venons d'expliquer ; elle n'en diffère que par la poſition du tambour, & parce que celle-ci eſt renfermée ſous un toît. On ſe ſert beaucoup à Angers de cette eſpece de machine ; mais on ne la met que rarement à couvert : on a donné particuliérement à celle-ci le nom d'*Engin*.

On a ſuppoſé cet engin coupé, afin qu'on pût voir l'intérieur de la chambre.

a, a, a, font les trois poutres qui portent fur la maçonnerie établie fur le principal chef de la carriere. On a parlé de cette maçonnerie (*Planche I*), où elle eft repréfentée.

Les poutres *a, a, a,* font foutenues par les arcboutants *b, b, b.*

Dans cet engin, l'arbre tournant eft perpendiculaire ; & il porte un rouet ou rouage *c c c,* qui engrene dans une lanterne *f,* & fait tourner une traverfe *f h,* qui porte le tambour *g h,* qui eft horizontal.

t t, Traverfe qui foutient d'un côté l'axe du tambour ; *k,* feconde traverfe qui foutient fon autre extrémité.

Des deux cordes, dont l'une monte tandis que l'autre defcend.

Cet engin eft repréfenté faifant monter deux feaux alternativement ; l'un *m p,* eft repréfenté arrêté par le crochet *p,* & fe vuidant dans l'auge *m.* L'eau fuit la gouttiere *n, q, r,* & va fe perdre dans les terres.

Le bas de la Planche repréfente certaines parties plus détaillées : 5 5, 6 6, le feau qui fert à élever l'eau, deffiné plus en grand ; 4 4, 5 5, ferrure qui fert à retenir les différentes pieces qui le compofent, & à empêcher qu'elles ne fe brifent en touchant les parois de la perriere.

20, Anfe qui fufpend le feau aux trois quarts de fa hauteur, & qui tient à deux tourillons retenus chacun par une clavette de fer, comme on le voit en 3.

L'anfe eft attachée & retenue à la corde par le moyen d'un crochet appellé *Havet,* & d'une cheville de fer 20, qui traverfe ce crochet par deffus l'anfe.

b b b, Cercle de fer qui entoure & furmonte l'ouverture du feau ; c'eft par ce cercle que le feau eft accroché & retenu par le crochet attaché à l'auge du puits, & qui doit lui faire faire la bafcule.

7 , eft le même cercle de fer qui furmonte le feau, que l'on voit ici féparé.

8 9, 8 9, Le même, garni des parties qui fervent à le fixer au feau : 10 & 11, font ces parties encore plus détaillées.

12, L'anfe du feau. A Angers, l'on fe fert d'un vaiffeau nommé *Pipe,* qu'on garnit de frettes de fer. Nous avons cru devoir faire graver une autre forme de feau, comme plus convenable pour cet ufage. (*Voyez l'explication des figures de la Planche III.*).

15, 16, 15, 16, L'auge dans laquelle fe vuident les feaux ; on y voit les crochets 13, 14, & la façon dont on les retient plus haut ou plus bas, par le moyen des cordes 15, 16, 15, 16, deftinées à relever le crochet ou à l'abaiffer, & l'empêcher d'aller à droite ou à gauche.

17, Ouverture par où s'écoule l'eau. Il faudroit qu'elle fût plus élevée de quatre à cinq pouces, pour diminuer le choc de l'eau quand le feau s'y renverfe.

18,

18, 19, Le crochet entier & vu féparément.

19, Attache du crochet au fond de l'auge.

18, Corde qui le retient, foit plus haut foit plus bas, fuivant que le cas l'exige.

21, Gros bloc d'ardoife, dans lequel on a pratiqué une ouverture pour y paffer un crochet de fer attaché à la corde, pour l'élever au haut de la carriere : ce crochet fe nomme *Havet*. On ne fe fert de ce moyen, que quand on commence l'ouverture d'une carriere.

y y, *u u*, *ʒ ʒ*, Caiffe ou bafficot deftiné à porter au haut de la carriere les blocs d'ardoife. Les planches en font affemblées & retenues par des bandes de fer : un des côtés du bafficot peut s'enlever, en ôtant les deux clavettes qui le retiennent; ce qui donne la liberté de le nettoyer. Les Ouvriers appellent ce côté, *Lucet*.

y y, &. L'anfe du bafficot formée de deux cordes dans lefquelles paffe le crochet, ou de deux tringles de fer courbes, comme on peut le voir *Pl. III*.

PLANCHE III.

La Vignette repréfente une carriere de Bretagne en œuvre. On creufe peu ces carrieres.

1, Ouverture de la carriere, qu'on augmente en la fouillant, à mefure qu'on parvient à une pierre de meilleure qualité.

2, 3, 4, Différentes foncées ; 6, Ouvrier qui enleve les blocs : on y met les coins fuivant la direction de l'ardoife, qui eft prefque horizontale.

5, 5, 5, Ouvriers qui fe fervent de pinces, ou de longues barres de fer, pour enlever les blocs.

11, 12, Ouvriers qui enlevent les blocs ou les planches d'ardoifes fur leurs épaules.

7, Ouvrier qui puife l'eau avec un feau ; il le porte à un autre Ouvrier 8, qui l'accroche, & l'arrête à une extrémité de la bafcule, ou du trait 14, qu'un autre homme ou deux 13, placés à l'ouverture de la carriere, enlevent à l'aide de cette machine.

10, Partie d'une carriere que l'on remplit de vuidanges ou de fragments inutiles : 9, Ouvrier qui porte ces vuidanges.

Le bas de la planche fait voir un bafficot dont les anfes *y* font de fer : on y voit le côté *ʒ ʒ*, qu'on nomme *Lucet*, & qui s'enleve en ôtant les deux clavettes qui le retiennent.

G, Nœuds qui fe rencontrent dans les maffes de la pierre d'ardoife, & que l'on nomme *Chats*.

A, *B*, *C*, *D*, Décharge du bafficot que l'on établit au haut de l'engin à l'ouverture des machines qui fervent à l'épuifement.

ARDOISE. P

B, *C*, Traverſes qui portent un bâti *B* & *C* faits de planches aſſemblées. Ce bâti a un mouvement ſur une cheville. On appuie le baſſicot ſur l'un ou l'autre de ces bâtis, ſuivant que l'Ouvrier qui le doit décharger, eſt de l'un ou de l'autre côté de l'ouverture du puits, que l'on nomme *Lumiere*.

F, Brouette dont ſe ſert l'Ouvrier-compteur pour porter les ardoiſes au tas, & les y arranger.

E, Petit tombereau dont les roues ſont fortes & baſſes : on s'en ſert pour porter les blocs d'ardoiſe aux atteliers des Fendeurs & des Tailleurs, & les vuidanges, au tas où elles doivent être dépoſées.

H, Panier ou chaſſis à pierres ou à ardoiſes.

Au lieu d'un aſſemblage de menuiſerie, tel que le Graveur l'a repré-ſenté ici, le panier n'eſt formé que par quatre montants, dans leſquels on a pratiqué des ouvertures ; des bâtons qui entrent dans ces ouver-tures, joignent ces montants, & forment ce panier groſſier, mais léger, & qui ſuffit pour l'uſage qu'on en fait.

R S T, Baſcule ou trait repréſenté avec tous les détails. Souvent la ma-chine a un pied *P P*, pour pouvoir aiſément lui faire changer de place. Le montant vertical *R P* eſt compoſé de deux parties *R*, *Q P* ; la partie *R* porte un boulon qui entre dans l'ouverture *Q*, faite à la partie *Q P*, afin de donner à la baſcule un mouvement circulaire.

Le mouvement de toute la baſcule dépend du levier *S T*, dont le point d'appui eſt en *R*, où il eſt retenu dans l'entaille par une cheville de fer *V*.

A l'extrémité de ce levier, on attache une corde, ou l'on y ſuſpend une perche, qui porte à ſon autre extrémité le crochet *&*, deſſiné ici plus en grand.

A l'extrémité *S* du levier *S T*, oppoſée à celle où eſt attachée la corde on ſuſpend un poids, pour élever ainſi plus aiſément le ſeau à l'aide de ce contrepoids.

L M, Seau propoſé en place de celui que l'on emploie communément à Angers, & qui eſt repréſenté dans la Planche II.

O, Anneau de fer qui ſurmonte le ſeau : celui-ci ne forme pas, comme celui du ſeau d'Angers, un cercle régulier : il eſt élevé vers les côtés où ſont placés les deux tourillons qui le ſuſpendent.

M, Partie la plus baſſe de l'anneau : ce ſeau ne fait la baſcule, que lorſ-que le crochet parvient à cet endroit.

V V, *N N*, Brinqueballe, nommée *Conducteur* des ſeaux : les chaînes de ces ſceaux ont une direction convenable pour être ſaiſis par les crochets. Ce conducteur eſt mobile ſur les points *V V*, qui permettent au ſeau de ſortir de la perpendiculaire, quand cela eſt néceſſaire. Ce conducteur ſert auſſi à empêcher que les ſeaux ne remontent trop haut, ſi par quelque accident ils n'étoient pas ſaiſis à propos par les crochets.

PLANCHE IV.

La Vignette repréſente un attelier d'Ouvriers qui fendent & taillent l'ardoiſe; ces Ouvriers s'établiſſent le plus près qu'ils peuvent de l'ouverture de la carriere.

d, *e*, *f*, Bâtiments néceſſaires pour le ſervice de la carriere; ſavoir, la forge, & un autre petit bâtiment qu'on nomme la *Vetille*, pour la réparation des machines; ce dernier ſert de retraite aux Ouvriers.

p l, Conduite de l'eau qu'élevent les machines d'épuiſement.

b, *b*, *b*, *c*, Amas de vuidanges qui forment des eſpeces de montagnes autour la de la carriere.

1, Hottier, Ouvrier chargé d'une hotte, qui apporte les blocs aux Ouvriers-Fendeurs.

g, *g*, Blocs qu'on approche des Ouvriers-Fendeurs.

2, Premier Ouvrier-Fendeur qui poſe le bloc le long de ſa cuiſſe gauche, & qui tient de la main gauche ſon ciſeau, & frappe deſſus avec le maillet qu'il a à ſa main droite.

3, Le bloc ainſi fendu paſſe à un Ouvrier **3**, qui le diviſe pour lui donner les dimenſions d'une ardoiſe de grand échantillon : on appelle cette opération *faire les répartons*.

4, Ouvrier qui tient les blocs ou les repartons entre ſes jambes, & les diviſe en feuilles minces propres à former de l'ardoiſe. Il en fait du contrefendis & du fendis.

R, *S*, Différents ciſeaux dont ſe ſervent les Fendeurs.

5, Les feuilles ſont données aux Tailleurs; **5**, **5** le Tailleur aſſis, tient le *chapu* entre ſes jambes étendues.

M, Tailleurs qui ſont à l'abri du vent & du ſoleil par la claie *n n* qu'ils ont derriere eux.

i i, Ardoiſe ſortant des mains de l'Ouvrier-Fendeur.

6, Ouvrier-Compteur occupé à prendre l'ardoiſe des mains des Tailleurs, & à les arranger en tas.

8, **8**, Ouvriers-Hottiers qui portent les vuidanges, & en font des amas qui entourent ſouvent la carriere.

Le bas de la Planche offre les mêmes parties rendues plus en détail.

A, *A*, *B*, *B*, *B*, Cuirs ou chiffons dont les Fendeurs enveloppent leurs jambes pour retenir ferme les blocs d'ardoiſe qu'ils doivent ſéparer.

B, *B*, *B*, Cordons qui ſervent à attacher ces eſpeces de guêtres.

C C, Ciſeaux pour faire les repartons & la priſe.

č č č, Ciſeaux propres à fendre l'ardoiſe : le plus mince de ces ciſeaux ſert à former le fendis.

D, Maillet dont ſe ſervent les Fendeurs.

E F f, Bloc que l'on doit partager : l'Ouvrier le divise toujours suivant la moitié de son épaisseur.

La croûte ou les deux superficies des blocs *E F*, *e f*, sont ordinairement tachées, & ne peuvent fournir que de l'ardoise *poil-taché*.

N, Bloc qui se trouve partagé dans la carriere par une veine ou par quelques corps étrangers qui interrompent sa division, & empêchent qu'on ne puisse former un feuillet de toute la hauteur du bloc.

K K, *L L*, *M M*, Une claie soutenue de deux bâtons pour mettre à l'abri les Tailleurs & les Fendeurs.

I I, Claie ; *H G*, *H G*, Perches qui la soutiennent : un des bouts de cette claie est pointu ; l'autre est fourchu & formé en crochet.

R O P P Q, Billot sur lequel on taille l'ardoise : on l'appelle à Angers le *Chapu*.

P P, Entaille faite au billot sur lequel l'Ouvrier place son ardoise, pour la tailler.

T V, Outil appellé *Doleau*, avec lequel l'Ouvrier-Tailleur coupe son ardoise.

X Y, Le même outil féparé de son manche *Y*.

Z Z, Feuillets d'ardoises non taillés.

& &, Feuilles d'ardoises taillées d'un côté.

1,2, Différentes formes que l'on donne à l'ardoise en la taillant.

12, Ardoise *gros-noir* ; ardoise *quarrée*.

18, Ardoises arrondies par un de leurs côtés, & que l'on nomme *Ardoises en écailles*.

21, 21, 22, 22, Les mêmes ardoises clouées.

19, Enclume dont le Couvreur se sert lorsqu'il travaille sur les toîts.

20, Marteau du Couvreur dont la tête est arrondie pour frapper les clous, & l'autre extrémité est pointue pour percer l'ardoise. Le Couvreur se sert aussi du tranchant de ce marteau pour tailler l'ardoise sur son enclume suivant que le cas l'exige.

23, 23, Ardoises encadrées & polies dont on se sert pour tracer dessus avec de la craie, telle figure que l'on veut.

8, 9, 10, 10, Ardoises du n°. 1, taillées & arrangées par tas, pour être comptées par l'Ouvrier-compteur.

13, 14, 15, 16, Ardoises du n° 2, arrangées par tas, & où le même Ouvrier-compteur a soin de marquer le nom des Ouvriers qui les ont travaillées.

a a, Ciseau dont les Fendeurs de Rimogne en Champagne, se servent pour diviser les blocs & les réduire à l'épaisseur d'une ardoise.

EXPLICATION

EXPLICATION
Des Termes propres à l'Art de travailler l'ARDOISE.

A

ALIGNER une carriere ; c'eft la dreffer. Quand on fait l'ouverture d'une ardoifiere pour former fes murs & commencer les foncées, on enleve des blocs fuivant le fens & la direction des feuilles d'ardoife qui les compofent. Cette manœuvre fe nomme *aligner* la carriere, ou la *dreffer*.

ALIGNOIRS, efpece de coins de fer : ce font les plus petits dont on fe fert pour *ranger les écots*, c'eft-à-dire, abattre les fragments, ou parties de blocs qui font reftés le long de la foncée qu'on travaille. Voyez *l'explication des Figures*, & les mots *Fer*, *Ecots*.

ALLUCHONS. Dents ou pointes attachées à une roue ou rouet, dont l'ufage eft d'engrener entre les fufeaux d'une lanterne.

ALUN. Sel neutre, formé par la combinaifon de l'acide vitriolique, & d'une terre qui eft propre à l'alun, & qui lui fert de bafe. Cette terre fe rencontre dans certaines ardoifes ; & en y ajoutant l'acide vitriolique, on fe procure de l'alun.

ARDOISE. Pierre qui fe leve par feuilles ou par lames minces, & qui fert à couvrir les toits : c'eft une efpece de fchifte. Voyez les différentes fortes d'ardoifes, fous les mots *Poil-noir*, *Poil-taché*, *Poil-roux*, *Ecailles*, &c. felon l'ordre alphabetique.

B

BANC DE PIERRE. La pierre commune, dans les carrieres, eft ordinairement par lits ou par étages.

BAQUET ; c'eft une caiffe qui fert à enlever les blocs ou les vuidanges : on le nomme ordinairement *Bafficot*. Voyez ce mot.

BASCULE. Efpece de levier dont on fe fert pour puifer l'eau d'une foncée, quand on creufe une cuve, ou pour tirer l'eau de certaines carrieres de la Bretagne, qui ne font jamais profondes : on l'appelle auffi *Trait*. Voyez *l'explication des Figures*.

BASSICOT. Efpece de caiffe deftinée à enlever les blocs du fond de la carriere, & les monter à la fuperficie du terrein, par le moyen des machines à épuifement. Voyez *l'explication des Figures*.

BERTOS, anfes du bafficot, faites de corde ou de fer, dans lefquelles paffe le crochet appellé *Havet*, qui affujettit cette caiffe à une des extrémités de la corde que conduit la machine à épuifement.

BILLOT, piece de bois cylindrique, dont les Tailleurs d'ardoife à Angers fe fer-

vent pour couper leurs ardoifes, & les *rondir*. Voyez *l'explication des Figures*. A Angers il fe nomme *Chapu*.

BLOC. Ici bloc s'entend d'une pierre d'ardoife, telle qu'on la tire de la carriere, & qui n'a pas encore été divifée ni réduite en feuilles minces.

C

CARRIERS. Ouvriers qui travaillent à une carriere d'ardoife. On ne donne ce nom qu'à ceux que l'entrepreneur, emploie pour retirer les vuidanges d'une carriere d'ardoife, y faire les tranchées, &c. On les nomme auffi *Journaliers*, parce qu'ils font fouvent payés à la journée. Les autres font appellés, *Ouvriers d'en haut* ou *Ouvriers d'en bas*, fuivant le pofte où on les occupe.

CHAISE. Cage ou chaffis de bois dans lequel on defcend un Ouvrier par le moyen d'une chevre, quand on a négligé quelque partie du fond de la carriere, & qu'on veut la reprendre ; mais l'on n'emploie ce moyen que lorfqu'il ne s'en préfente point d'autres pour y parvenir commodément.

CHAMBRÉE. Les Ouvriers difent qu'ils font en bonne chambrée, quand ils travaillent une bonne veine de pierre d'ardoife.

CHAPU. Billot de bois entaillé fur fa furface fupérieure, fur laquelle les Tailleurs pofent leur ardoife, & l'équarriffent, ou en terme d'Ouvriers, la *rondiffent*. Voyez *l'explication des Figures*.

CHATS. Matieres étrangeres, fouvent de la nature du quartz, qui fe rencontrent dans l'ardoife, & la rendent défectueufe, parce qu'elles s'oppofent à la divifion des feuillets.

CHEF. Côté de la carriere que l'on coupe prefque à pic, & fur lequel on éleve une maçonnerie, depuis la pierre folide de la carriere jufqu'un peu au-deffus du niveau du terrein : c'eft fur ce mur, qu'on conftruit les machines d'épuifement & les engins. Voyez *Pl. I, & Pl. II*.

CHEMIN. Faire le chemin, c'eft examiner les *disjoints* des blocs pour y placer les coins ou quilles : on nomme auffi cette opération, *enferrer*.

CHEVRE. Machine en ufage pour élever de gros fardeaux.

CIEL OUVERT. On dit que l'on travaille les carrieres d'ardoife *à ciel ouvert*, quand l'ouverture fupérieure eft auffi large que le fond de la carriere.

CISEAU. Outil dont fe fervent les Ouvriers pour féparer & divifer les blocs.

Les ciseaux que l'on emploie pour travailler l'ardoise, ont différents noms, tels que *Ciseau à tréner*, *Ciseau à repartons*, & *Ciseau à fendre*. Voyez *l'explic. des Figures*.

COFINE. L'ardoise cofine eft celle qui eft convexe : cette forme la rend propre à couvrir les dômes, les tourelles, &c.

COIN. Piece de bois ou de fer, aiguë par une de fes extrémités, qui fert à fendre, preffer, ou élever d'autres corps. Les coins fervent ici à différents ufages qui leur ont fait donner divers noms : les plus grands fe nomment *Quilles* ; les moyens, *Fers* ; d'autres moindres *Fers moyens* ; & enfin les plus petits *Alignoirs*. Voyez *l'explication des Figures*.

COMPTEUR. L'Ouvrier compteur eft celui qui a la confiance de l'Entrepreneur, & qui eft chargé de recevoir les ardoifes taillées des mains de l'Ouvrier, de les ranger, de les compter, & de les mettre en état d'être vendues.

CONDUISEUR ; c'eft celui qui fe tient toujours au haut de la carriere, près la machine d'épuifement, à l'endroit qu'on nomme *la Lumiere*. Quand cette machine eft en mouvement, il conduit le bafficot pour empêcher qu'il ne fe heurte ; ou fi c'eft un feau, pour le diriger de façon qu'il fe préfente au crochet qui doit lui faire faire la bafcule.

CONSOLLES : parties d'un rocher d'ardoifes qu'on laiffe en faillie dans un des angles de la carriere, pour fervir à y établir des échelles.

CONTREFENDIS. C'eft une des divifions des blocs d'ardoife : ces blocs partagés d'abord dans le fond de la carriere *en crénons*, font portés au haut de la carriere, où l'on en fait *des repartons* : on divife ces repartons fuivant leur épaiffeur, & l'on en forme des *contrefendis* ; ceux-ci font enfin partagés encore, & ce font des *fendis*.

COSSE. On nomme ainfi la fuperficie du rocher de fchifte ou d'ardoife dépouillée de la terre qui le recouvroit.

COUPES : parties du rocher abattues : on refait fouvent une coupe fur une partie de la carriere qu'on avoit négligée.

CRAFFE. A Rimogne, les Ouvriers nomment ainfi un banc de terre ou de mauvaife pierre interpofée entre celle d'ardoife, qui nuit à l'exploitation de la carriere, & qui oblige fouvent de l'abandonner.

CRAPAUDINE, piece de fer ou de cuivre dans laquelle tourne un pivot : on la nomme encore *Couette* ou *Grenouille*.

CRENONS. Nom que l'on donne à la premiere divifion des blocs d'ardoifes, qui fe fait dans le fond de la carriere, & qui les rend plus aifés à tranfporter hors de la carriere. Voyez *Contrefendis*.

CUVE. On nomme ainfi un trou ou toute autre ouverture quarrée ou rectangle, pratiquée dans le fond de chaque foncée,

le long du principal chef de la carriere, fur celui qui porte les machines ou engins : c'eft là que l'eau fe raffemble pour être vuidée par des bafcules ou des engins. Voyez *l'explication des Figures*.

D

DÉCHARGE. Bâti en bois que pouffe le conducteur fous le bafficot, quand la machine l'a élevé au haut de la carriere : ce bâti fupporte alors le bafficot, & donne la facilité aux Ouvriers de détacher le *lucet* pour vuider le bafficot & le nettoyer.

DÉCOMBRES ; c'eft principalement ce qu'on enleve du deffus de la carriere avant de parvenir à la bonne pierre : on donne auffi ce nom aux fragments de pierre inutiles. A Angers, on les appelle *Vuidanges*.

DÉLITS. Joints qui fe trouvent dans la maffe des pierres d'une carriere. On voit ces délits à la furface des foncées ; & c'eft dans ces joints, que l'on place les coins ou quilles : on nomme cette opération *faire le chemin* ou *enferrer*.

DEZ ; efpece de pyrite, commune dans les ardoifes de Mezieres : elle affecte dans fa cryftallifation une forme cubique qui reffemble aux dez à jouer. Voyez *Pyrite*.

DOLEAU. Outil dont fe fervent les Tailleurs d'ardoife pour tailler & couper l'ardoife, & lui donner une forme convenable. Voyez *l'explication des Figures*. A Rimogne, le même outil fe nomme *Rebattoir*.

DRESSER LES BANCS ; c'eft la même chofe que *ranger les écots*. Voyez *Ecots*.

E

ECAILLE. L'ardoife en écaille eft celle qu'un Couvreur arrondit par une de fes extrémités, & à laquelle il donne une figure approchante de celle de l'écaille d'un poiffon.

ECOTS. Ce font de petits blocs qui reftent adhérents aux foncées. Comme il eft rare qu'en abattant les blocs, ils fe rompent à la bafe de la foncée, & qu'ils portent les neuf pieds qu'elle doit avoir, il faut détacher les pierres qui reftent encore adhérentes ; & l'on nomme cette opération *ranger les écots* ou *dreffer les bancs*.

ENCHENOTS. Rigoles de bois établies pour conduire l'eau du fond de la carriere, jufqu'à un puifart d'où elle fe perd dans les terres.

ENFERRER ; ou *faire le chemin*. Voyez *Chemin* & *Délit*.

ENGIN. C'eft une machine d'épuifement : on l'emploie auffi à enlever des blocs. A Angers, on donne particuliérement ce nom à celle dont le tambour eft pofé horizontalement ; l'autre s'appelle proprement *Machine*. Voyez *l'explication des Figures*.

ENGROIS. Petit coin que l'on place entre le manche & la tête des *pointes* & des *pics*, pour leur donner une inclinaifon telle que le fer du marteau fasse un angle obtus avec son manche. Voyez *l'explic. des Fig.*

F

FAIRE LE CHEMIN ou *enferrer* , c'est chercher les délits des blocs pour y placer les quilles. Voyez *Chemin & Enferrer.*

FENDEURS. Ouvriers qui divisent les blocs apportés au haut de la carriere, & qui les réduisent en feuilles minces, destinées à être ensuite taillées en ardoises. Voyez *l'explic. des Figures.*

FENDIS. Derniere division d'un bloc suivant son épaisseur. Voyez au mot *Contrefendis.*

FERS. Les Ouvriers appellent de ce nom certains coins qui servent à détacher les blocs du rocher; mais ceux qui portent particuliérement ce nom, sont ceux qu'on emploie pour abattre les *écots*, & *ranger les bancs*; comme ces écots sont plus ou moins grands, on se sert de coins plus ou moins forts pour les abattre. Les premiers sont nommés *grands Fers*; les autres *Fers moyens*; les plus petits, *Alignoirs*. Voyez *Alignoirs.*

FEUILLETÉE. On dit qu'une pierre est feuilletée, quand on peut la lever par feuillets minces : c'est le caractere propre du schiste, & particuliérement de l'espece qu'on nomme *Ardoise.*

FEUILLETIS. Défaut qui se rencontre par veines dans les *foncées*, quelquefois les plus profondes, des carrieres d'ardoise. La pierre *feuilletis* est tendre, parsemée de veines; elle se réduit en petites feuilles entre les doigts, & n'a aucune consistance; il est impossible d'en faire de l'ardoise.

FEUILLES DE PIERRE. Ce sont des divisions de la pierre d'ardoise, quand il est possible de la partager en lames minces.

FEUILLETS D'ARDOISES. Division des blocs en lames minces propres à couvrir les maisons.

FILON DE MINES. On entend par *Filon*, le chemin que suit sous terre le métal d'une mine qui s'y partage en différentes branches, qu'on a soin de suivre quand on exploite une mine, & que l'on fait ensorte de retrouver quand on l'a perdu.

FLAMME. C'est une espece de ciseau dont on se sert dans quelques carrieres, pour diviser les blocs d'ardoises, & les réduire en feuilles minces.

FONCÉE. On appelle ainsi un nombre de blocs d'ardoises qu'on a détachés de la carriere. Pour les détacher, on fait une tranchée de 9 pieds : ces blocs devroient avoir cette même hauteur; mais comme il est presque impossible de les détacher sans qu'il en reste une partie attachée au roc, ce qui en reste est repris ensuite : ce banc de 9 pieds de haut enlevé sur toute la surface de la carriere, forme ce qu'on appelle une *Foncée*. On

évalue la profondeur d'une carriere par le nombre des foncées. On dit , de l'ardoise de la 6e, de la 7e, de la 8e foncée, &c.

FONCIERE. C'est la même chose qu'une *foncée*. On dit : Travailler à la dixieme, à la douzieme *fonciere* ou *foncée* : de l'ardoise de la cinquieme *fonciere* , &c.

FOUILLES. Premieres ouvertures que l'on a faites pour tirer de la pierre, de quelque nature qu'elle soit.

FRETTES. Bandes de fer ou cercles de tôle qui assurent l'assemblage des pieces d'un seau : elles le garantissent aussi des chocs qu'il pourroit essuyer le long des parois ou du chef de la carriere : on les nomme plus souvent *Bandes.*

FUSEAUX. On appelle ainsi des bâtons arrondis qui font partie des lanternes qui forment avec le rouet, ce qu'on appelle *l'Engrenage.*

G

GRAND ENGIN. Voyez *Engin.*

GRANDS FERS. Voyez *Fers*, ou *Coins.*

GROS-NOIR. On appelle ainsi l'ardoise de bonne qualité , qui est moins grande que la quarrée, & qui a été réduite à cette dimension, parce qu'il s'est trouvé, dans le bloc quelques défauts qui ont empêché le Tailleur d'en faire de l'ardoise quarrée.

H

HAVET. Crochet de fer attaché à l'extrémité des cordes des machines ou engins, pour recevoir le seau ou le bassicot que l'on y assure avec une cheville de fer.

HÉRIDELLE. Espece d'ardoise beaucoup plus longue que large, selon que le bloc permet de les tailler, & dont les dimensions ne sont point déterminées.

HOTTES à *quartiers*, *Hottes à vuidanges.* Hottes qui servent à enlever les blocs d'ardoises, ou les terres & les fragments de pierre de la carriere. Voyez dans *l'explication des Figures*, en quoi elles different.

HOTTEURS ou *Hottiers*. Ouvriers employés à transporter les blocs ou les vuidanges du principal chef de la carriere jusqu'aux machines qui doivent les enlever.

J

JOURNALIERS. Voyez *Carriers.*

JUXTA-POSITION, signifie l'accroissement ou l'assemblage de plusieurs parties posées les unes à côté des autres.

L

LANTERNE. La lanterne fait partie de ce qu'on appelle, dans les machines, *l'Engrenage*. Elle est ordinairement composée de deux rondelles de bois, qui portent plus ou moins de fuseaux de fer ou de bois; les alluchons du rouet entrent entre ces fuseaux, & forment l'engrenage.

LEVRE. Barre de fer longue de 5 ou 6 pieds, ou espece de levier qui sert à abattre les blocs : un de ses bouts est formé en biseau ou pince. Voyez *l'explic. des Figures.*

LICHEN. Espece de champignon qui croît sur certaines ardoises : on le prend souvent pour de la mousse.

LUCET. Planche qui forme un des côtés du bassicot, & qui est retenue par deux clavettes que l'on détache lorsque l'on veut nettoyer le bassicot. Voyez *l'explic. des Figures.*

LUMIERE. On nomme ainsi l'ouverture d'un puits, ou celle des machines d'épuisement.

M

MARCASSITE. Voyez *Pyrite.*

MACHINE ou *Engin.* Ces machines qui sont à peu-près semblables pour la construction, servent aux épuisements, ou à enlever les pierres & vuidanges des carrieres. Voyez *l'explic. des Figures.*

MICA. Espece de talc, ordinairement coloré & par petites paillettes ou feuillets très-minces. On trouve des pierres uniquement formées de feuilles de mica : quelquefois le mica se rencontre mêlé & répandu dans d'autres pierres : il se mêle encore quelquefois avec le schiste.

MOISON. Terme d'Ordonnance, qui spécifie les dimensions de tout objet qui entre dans le commerce, pour qu'il soit réputé *vendable* : la moison des ardoises, celle des draps, des échalats, &c. On entend donc par ce mot, les dimensions de ces différents objets de commerce, déterminées par l'Ordonnance. Voyez *l'Ordonnance de Louis XIV.* & le *Traité de la Police* de Lamare.

O

OUVRIERS D'EN BAS. On appelle ainsi ceux qui travaillent dans la carriere.

OUVRIERS D'EN HAUT. Ce sont ceux qui travaillent hors de la carriere.

P

PANIER. On donne ce nom à certains bâtis d'assemblage qui s'attachent des deux côtés du bât du cheval, & qui servent à transporter les ardoises ou les grosses pierres. Voyez *l'explic. des Figures.*

PERIERE ou *Pierriere.* Voyez *Perriere.*

PERLUAUX. Ecorces seches de bois enduites de résine, & dont on se sert pour éclairer les Ouvriers dans les carrieres que l'on fouille sous terre & non à *ciel-ouvert.*

PERRIERE. Carriere d'où l'on peut tirer de l'ardoise. Quand on a enlevé la terre qui recouvroit une carriere, on dit en terme d'ouvriers : *On ouvre la perriere.*

PERREIEURS ou *Perriers.* On appelle en général de ce nom tous les Ouvriers employés à exploiter une carriere d'ardoise.

PLANCHE-D'ARDOISE. On appelle ainsi un bloc d'ardoise avant qu'il soit fendu.

PIERRIERE. Voyez *Perriere.*

PICS. Marteaux qui servent à abattre les blocs. Il y en a de plusieurs grandeurs : les grands se nomment simplement *Pics* ; les autres, *Pics moyens,* &c. Voy. *l'explic. des Fig.*

PIERRE A BATIR. Ce sont les pierres de la premiere foncée des carrieres d'ardoise, qui ne pouvant se réduire en feuilles, sont employées pour les bâtimens.

PIRITE. Voyez *Pyrite.*

POIL-NOIR. Nom que l'on donne à une bonne espece d'ardoise oblongue, & dont la tête se termine en pointe : elle n'est pas aussi grande que l'ardoise quarrée ; mais elle est aussi mince, aussi légere & aussi estimée.

POIL-ROUX. Ardoise de mauvaise qualité, tirée des premieres foncées, & tachée de points roux ; elle ne peut se diviser en feuillets aussi minces que les autres.

POIL-TACHÉ. Ardoise qui a des taches qui la défigurent, ou des pyrites qui la gâtent. On met dans la même classe les ardoises qui ont de grandes dimensions, mais qui n'ont pû être réduites à l'épaisseur prescrite.

POINTE : espece de marteau, dont la tête est moins pesante que celle des pics, & dont on se sert pour abattre ou ranger les écots.

PRISE. On dit que l'Ouvrier fait *la prise,* quand, après que le bloc, ou ce qu'on appelle un crénon, a été réduit en *repartons,* il abat le biseau qui se rencontre souvent sur l'épaisseur de chaque reparton : cette opération facilite au Fendeur la division qu'il en doit faire ; parce que le Fendeur pourra plus facilement placer son ciseau pour faire du contrefendis & du fendis.

PUREAU : c'est la partie de l'ardoise qui n'est pas recouverte par une supérieure, & que le Couvreur laisse apparente.

PYRITE ou *Pirite* ou *Marcassite.* Matiere minérale qui contient souvent beaucoup de soufre, d'arsénic, de vitriol : elle a pour base une petite portion de fer ou de cuivre. La pyrite qui se trouve dans les ardoises est presque toujours cuivreuse. Cette matiere minérale se crystallise autrement dans certaines carrieres que dans d'autres. Voy. *Dez.*

Q

QUARRÉE-FINE. Ardoise peu connue, qui a moins de dimensions que la quarrée-forte qui est admise dans le commerce.

QUARRÉE-FORTE, ou simplement *quarrée* : c'est l'ardoise de meilleure qualité, qui porte les plus grandes dimensions : elle est ordinairement presque quarrée, & conforme à l'Ordonnance.

QUARTELETTE : bonne ardoise, quoique plus petite que la *quarrée-forte,* & que la *quarrée-fine.*

QUARTIER

QUARTIERS-DE-PIERRE. Blocs tels qu'on les enleve de la carriere.

QUARTZ. Efpece de pierre qui fait feu frappée avec l'acier, & qui ne donne point de prife aux acides : lorfqu'elle fe rencontre dans le milieu d'un bloc d'ardoife, elle en empêche la divifion.

QUILLES. Grands coins dont on fe fert pour abattre les blocs dans les foncées ; on en met quelquefois trois à quatre.

R

RANGER LES ÉCOTS. Voyez *Ecots*.

REBATTOIR. Outil de fer coupant, qui porte un manche. A Rimogne, les Ouvriers tailleurs s'en fervent pour équarrir ou rondir leurs ardoifes. C'eft le même outil que l'on nomme *Doleau* à Angers. Voyez *l'explication des Figures*.

REDANS. Crans ou bancs de pierre pofés les uns fur les autres, qui forment une efpece d'efcalier.

RÉFRACTAIRE. On appelle *Réfractaire*, une efpece de pierre ou de terre, qui étant expofée au fourneau de fufion, s'y vitrifie très-difficilement fans addition de fondant.

REPARTONS. Blocs ou crenons de pierre d'ardoife divifés fuivant leur épaiffeur & leur largeur, & réduits enfuite à la hauteur que doit avoir l'ardoife.

RONDIR L'ARDOISE. On nomme ainfi le travail du Tailleur qui l'équarrit, la dreffe, & lui donne la forme convenable aux dimenfions qu'elle doit avoir.

ROUET. Roue qui porte des alluchons ou dents, qui engrenent dans les fufeaux de la lanterne d'une machine.

RUBIACÉES. On nomme ainfi les plantes où fe rencontrent quelques-uns des caraẽteres du *Rubia* ou de la *Garence*.

S

SCHISTE. Genre de pierre compaẽte & qui fe leve ordinairement par feuillets : l'ardoife eft une efpece de ce genre, parce que l'on peut la féparer en feuillets, & la tailler très-facilement.

SONDER une carriere ; c'eft faire plufieurs trous ou puits de 15 ou 20 pieds de profondeur, pour pouvoir connoître par la pierre qu'on en retire, quelle eft la qualité & la nature de l'ardoife que renferme la carriere avant de fe déterminer à l'exploiter.

T

TAILLETTE. Efpece d'ardoife connue feulement dans certains pays, fes dimenfions ne font déterminées que par le volume des débris des blocs d'ardoife, qui fervent à la former.

TAILLEUR. Ouvrier qui donne la derniere façon à l'ardoife après que d'autres l'ont réduite à l'épaiffeur convenable.

TALC. Pierre tranfparente qui fe divife par feuilles minces, qui n'eft point attaquable par les acides minéraux, & qui fouffre un feu violent fans éprouver aucun changement.

TAMBOUR. Cylindre de bois que l'on emploie dans les machines, pour enlever des fardeaux, & fur lequel s'enveloppent les cordes.

TESTE de l'ardoife : c'eft la partie de la feuille d'ardoife, où le Couvreur fait des trous avec la pointe de fon marteau, pour placer les clous qui doivent la fixer fur la latte ; la tête de l'ardoife gros-noir eft faite en angle.

TOURILLON. Pivot arrondi qui tourne foit fur une autre piece, foit dans le creux d'une autre piece deftinée à le recevoir.

TOUCHEUR. Ouvrier chargé de conduire le cheval que l'on emploie pour faire mouvoir les machines ou engins.

TRAIT ou BASCULE. Voyez *Bafcule*.

TRANCHE. Double crochet emmanché d'un bâton de $3\frac{1}{2}$ ou 4 pieds, dont on fe fert dans le fond d'une carriere pour retirer les blocs les uns de deffus les autres.

TRANCHÉE. Efpece de foffé qu'on forme avec les marteaux appellés *Pointes*. Voyez *l'explication des figures*.

TUE-VENT. Les Ouvriers appellent ainfi une claie dreffée fur deux perches, & qui les garantit du vent & du foleil.

V.

VERDILLONS. Barres de fer dont les Ouvriers fe fervent comme de leviers pour détacher les blocs d'ardoife, après que les quilles ont commencé à les féparer de la carriere, & pour les renverfer dans la foncée.

VERNE. Partie de la bafcule, à laquelle eft attaché le feau qui fert à vuider l'eau des cuves des foncées, & la jetter dans les puits, d'où elle eft enfuite puifée par les feaux des machines à épuifement.

VETILLE. Petit bâtiment ou appentis, où les ouvriers fe tiennent à couvert, pour réparer les uftenciles qui fervent à l'exploitation d'une carriere d'ardoife.

VITRIOL. Sel neutre formé par la combinaifon de l'acide vitriolique & d'une bafe ou terre minérale, ferrugineufe, ou cuivreufe, &c.

VOLICHES. Planches minces de fapin, qu'on emploie au lieu de lattes, pour attacher les ardoifes fur le toît.

VUIDANGES. On comprend fous ce nom, toutes les pierres qui ne peuvent être féparées en feuilles d'ardoife, ainfi que la terre qui recouvre une carriere d'ardoife.

FIN DE L'EXPLOITATION DES CARRIERES D'ARDOISE.

ADDITIONS ET CORRECTIONS.

*P*Age 10, *ligne premiere*, utenfiles ; *lifez*, uftenfiles.

Page 11, *ligne* 24, un travail affidu & pénible, de cinq à fix jours ; *lifez*, de cinq à fix heures.

Page 12, *au lieu de la Reclame* que ; *mettez*, Ouvrier.

Page 19, *ligne* 20, dans lequel on paffe un feau ; *lifez*, l'anfe d'un feau.

Page 24, *ligne* 30, il ne faudroit pour cela que la conftruire plus haute ; *lifez*, plus profonde.

Page 30, *ligne* 16, il le partage en faifant une petite rainure ; *lifez*, échancrure.

Page 40, *ligne* 7, le travail auffi rude ; *lifez*, ce rude travail.

Page 41, *ligne* 22, la feuille d'ardoife qu'il pofe deffus, les Couvreurs &c ; *lifez*, comme les Couvreurs.

Page 48, *avant-derniere ligne*, à la latte & au bardeau ; *lifez*, à la latte & à la voliche fur lefquelles elles font attachées.

Page 49, *ligne* 15, confeille-t-il à foumettre ; *lifez*, de foumettre.

Ibid. ligne 35, fans faire pourrir les lattes & le bardeau ; *lifez*, les lattes & la voliche fur lefquelles, &c.

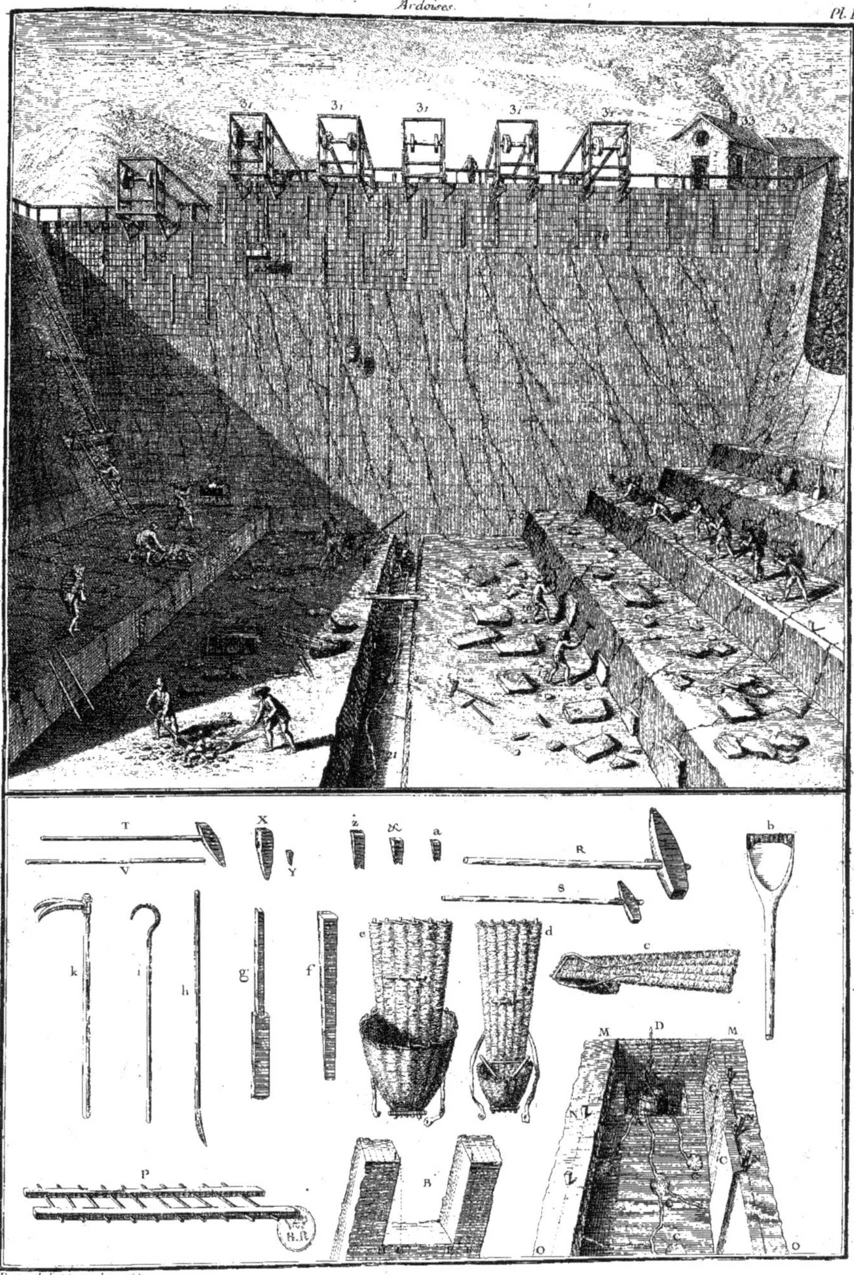

Patte del. et sculp. 1762.

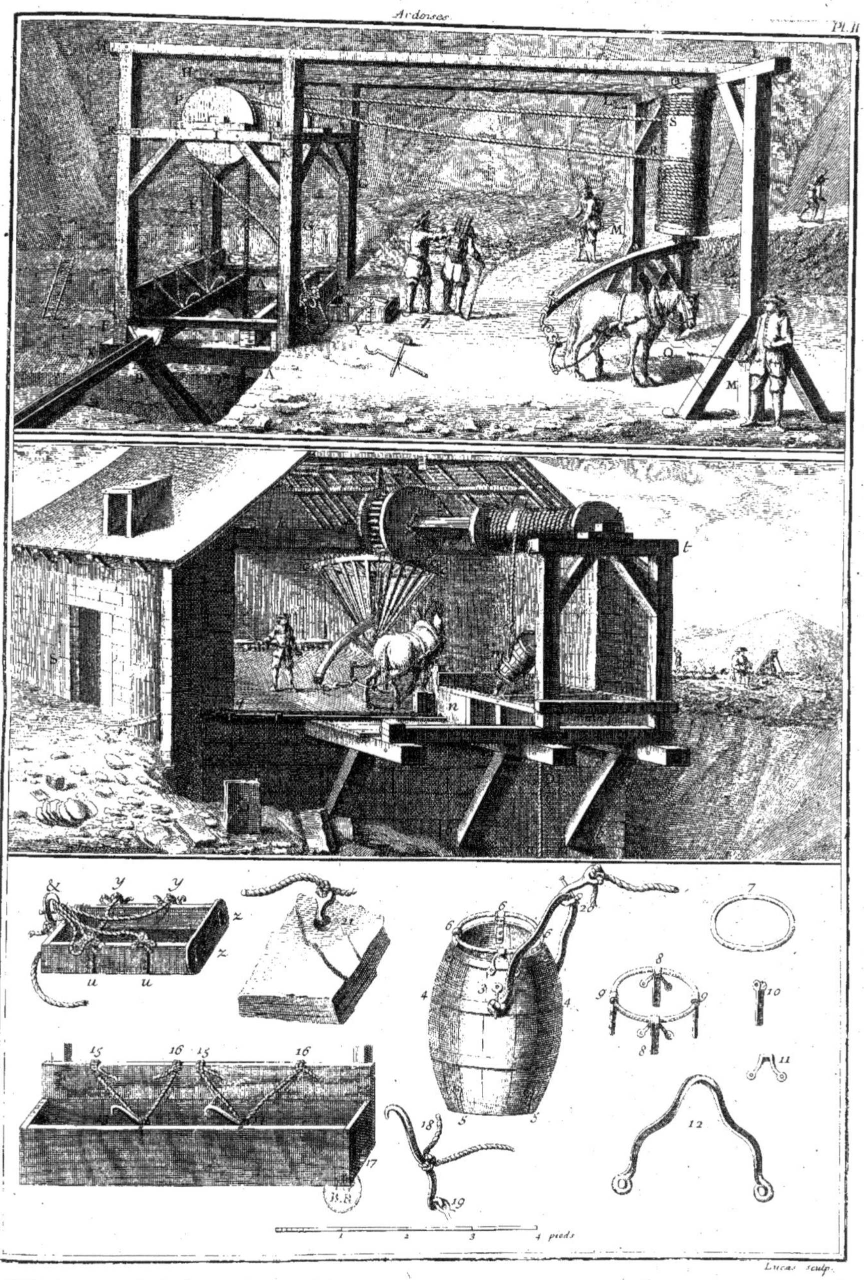
Pl. II
Lucas sculp.

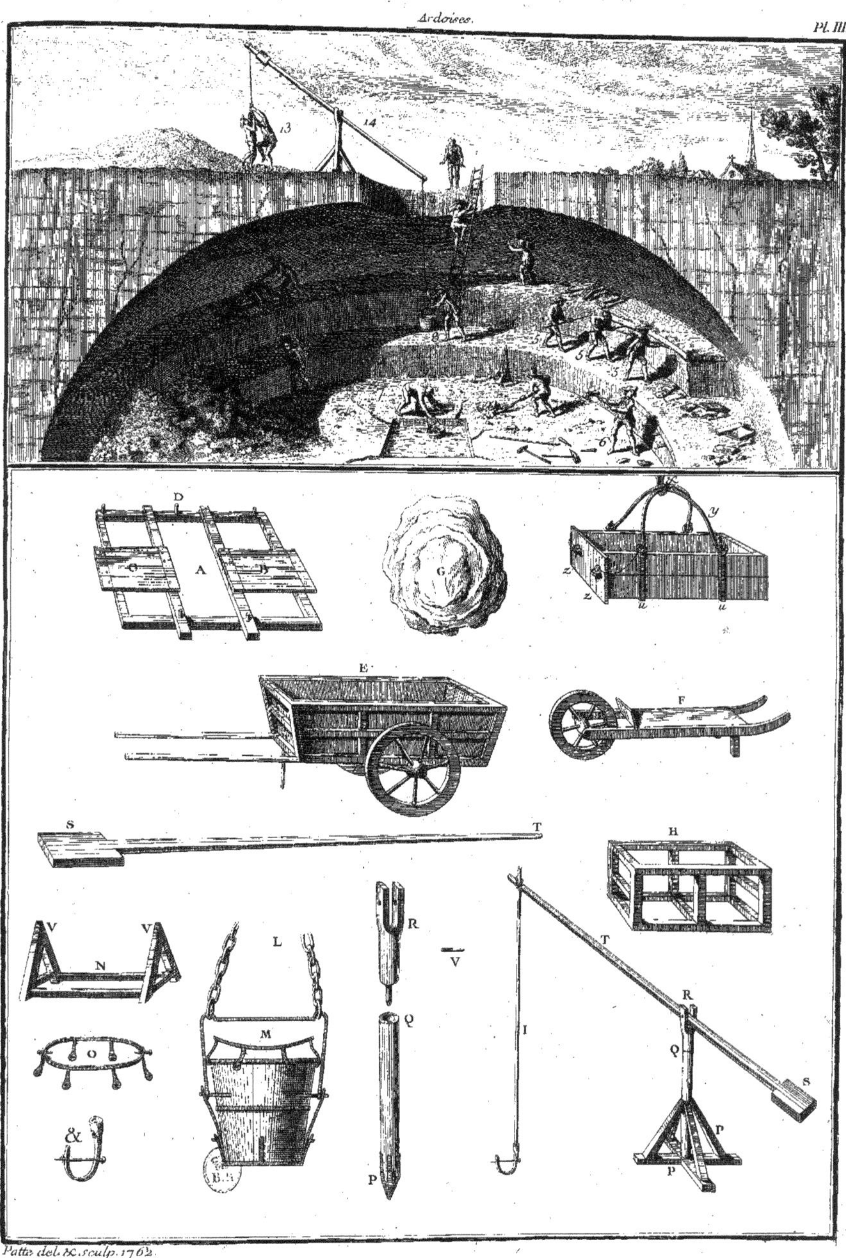

Ardoises.
Pl. III.
Patte del. & sculp. 1762.

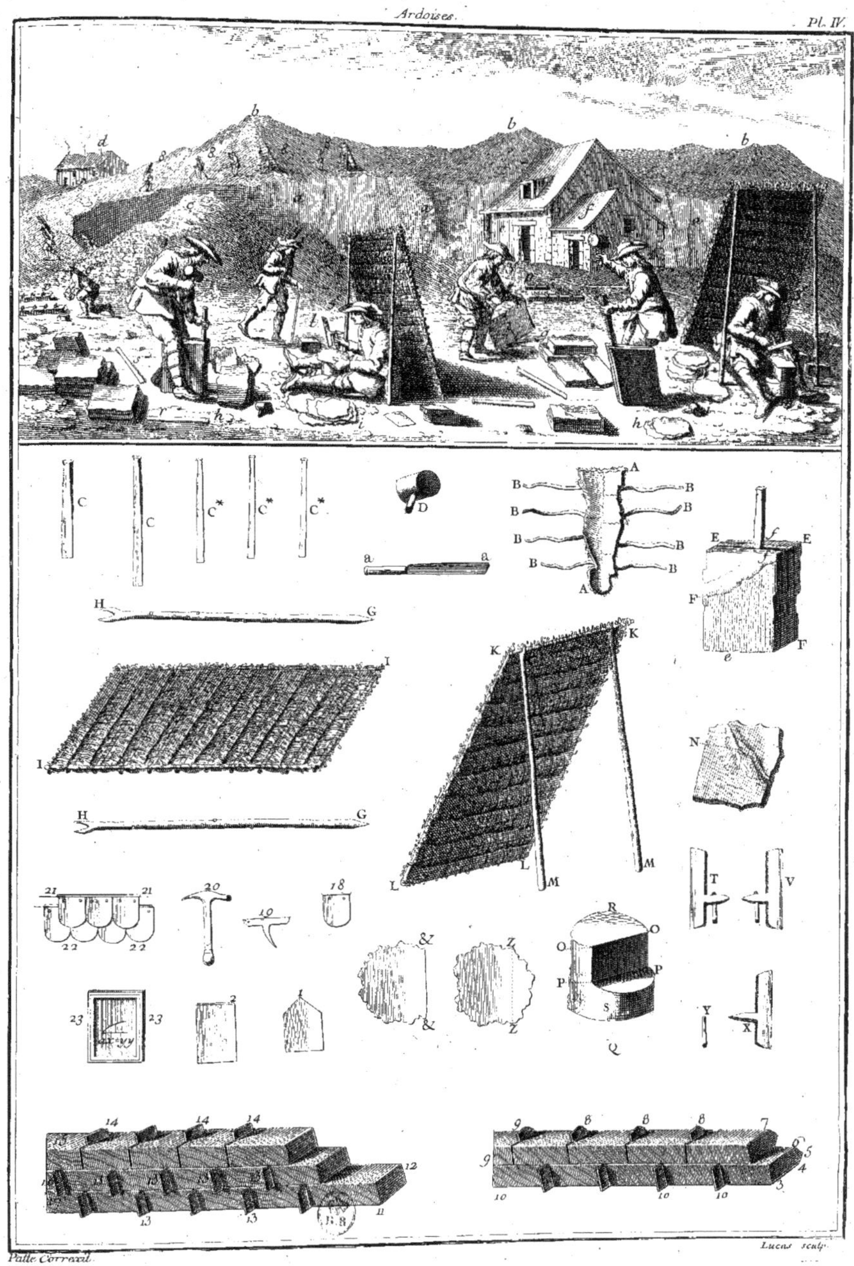

Palle Corraxil.
Lucas sculp.